HEYNE <

DR. OETKER

BLITZ KUCHEN

WILHELM HEYNE VERLAG
MÜNCHEN

Dass man für leckere, raffinierte Kuchen und Torten nicht lange in der Küche stehen muss, beweisen diese Rezepte.
Lassen Sie sich inspirieren und überraschen Sie Ihre Lieben mit einer Pfirsich-Kokos-Tarte oder einem Schoko-Kirsch-Gugelhupf. Kinder freuen sich über Möhrenkuchen, die Kollegen werden mit einer himmlischen Himbeer-Charlotte verwöhnt. Hat sich mehr Besuch angekündigt, darf es auch mal ein Kuchen vom Blech sein. Das geht genauso schnell und Reste lassen sich häufig gut einfrieren. Die Freundinnen aus dem Strick-Club freuen sich über Mandarinen-Cranberry-Kuchen, klassisch ist Streusel-Aprikosen-Kuchen und Apfel-Nuss-Kuchen.
Hier findet jeder seinen Lieblings-Kuchen. Und weil alles so schön schnell geht, kann man auch spontan mal einen backen.

Inhaltsübersicht

Heidelbeer-Nektarinen-Kuchen

14 Stücke – Fruchtig – schnell

Zum Vorbereiten:
3 Nektarinen
200 g Heidelbeeren

Für den Schüttelteig:
125 g Butter oder Margarine
250 g Weizenmehl
3 gestr. TL Dr. Oetker Backin
150 g gesiebter Puderzucker
1 Pck. Dr. Oetker Bourbon-Vanille-Zucker
1 Prise Salz
4 Eier (Größe M)
200 g saure Sahne

Zum Bestäuben:
2 EL Puderzucker

Zubereitungszeit: **30 Minuten**
Backzeit: **40–45 Minuten**

1_ Zum Vorbereiten Nektarinen waschen, abtrocknen, halbieren und die Steine herauslösen. Die Nektarinenhälften in Spalten schneiden. Heidelbeeren verlesen, abspülen, auf einem Sieb gut abtropfen lassen und mit Küchenpapier trocken tupfen.

2_ Den Backofen vorheizen.
Ober-/Unterhitze: etwa 180 °C, Heißluft: etwa 160 °C

3_ Für den Teig Butter oder Margarine zerlassen und abkühlen lassen. Das Mehl mit Backpulver und Puderzucker mischen und in eine verschließbare Schüssel (etwa 3-Liter-Inhalt) geben. Mit Vanille-Zucker und Salz mischen. Eier, Butter oder Margarine und saure Sahne hinzufügen. Die Schüssel mit dem Deckel fest verschließen.

4_ Die Schüssel mehrmals (insgesamt 15–30 Sekunden) kräftig schütteln, sodass alle Zutaten gut vermischt sind. Alles mit einem Schneebesen oder Rührlöffel nochmals sorgfältig durchrühren, damit trockene Zutaten vom Rand mit untergerührt werden.

5_ Dann den Teig in eine Tarteform (Ø 28 cm, gefettet) geben und glatt streichen. Die Nektarinenspalten und Heidelbeeren darauf verteilen. Die Form auf dem Rost in den vorgeheizten Backofen schieben. Den Kuchen **40–45 Minuten backen.**

6_ Die Form auf einen Kuchenrost stellen. Den Kuchen in der Form erkalten lassen und mit Puderzucker bestäuben.

Tipp: Geschlagene Sahne (nach Belieben mit Orangenlikör aromatisiert) dazu servieren.
Sie können statt der Tarteform auch eine Springform (Ø 26 cm, Boden gefettet) verwenden.

Pro Stück: E: 5 g, F: 11 g, Kh: 32 g, kJ: 1065, kcal: 254

Cranberry-Cake

12 Stücke – Einfach

Für den Rührteig:
3 Eiweiß (Größe M)
175 g weiche Butter
oder Margarine
150 g Zucker
1 Pck. Dr. Oetker Vanillin-Zucker
1 Prise Salz
1 Pck. Dr. Oetker Finesse
Geriebene Zitronenschale
3 Eigelb (Größe M)
175 g Weizenmehl
2 gestr. TL Dr. Oetker Backin
3 EL Milch
100 g Zartbitter-
Raspelschokolade
100 g getrocknete Cranberries

Für den Guss:
150 g Zartbitter-Schokolade
1 EL Speiseöl,
z. B. Sonnenblumenöl
25 g getrocknete Cranberries

Zubereitungszeit: **30 Minuten, ohne Abkühlzeit**
Backzeit: **etwa 40 Minuten**

1_ Den Backofen vorheizen.
Ober-/Unterhitze: etwa 180 °C, Heißluft: etwa 160 °C

2_ Für den Teig das Eiweiß so steif schlagen, dass ein Messerschnitt sichtbar bleibt. Butter oder Margarine in einer Rührschüssel mit Handrührgerät mit Rührbesen auf höchster Stufe geschmeidig rühren. Nach und nach Zucker, Vanillin-Zucker, Salz und Zitronenschale unterrühren. So lange rühren, bis eine gebundene Masse entstanden ist.

3_ Jedes Eigelb knapp 1/2 Minute unterrühren. Mehl mit Backpulver mischen und in 2 Portionen abwechselnd mit der Milch auf mittlerer Stufe unterrühren. Eischnee unterheben. Zuletzt Raspelschokolade und Cranberries unterheben.

4_ Den Teig in eine Springform (Ø 26 cm, Boden gefettet) geben und glatt streichen. Die Form auf dem Rost in den vorgeheizten Backofen schieben. Den Kuchen **etwa 40 Minuten backen.**

5_ Den Kuchen aus der Form lösen und auf einem Kuchenrost erkalten lassen.

6_ Für den Guss Schokolade in Stücke brechen und mit Speiseöl in einem kleinen Topf im heißen Wasserbad bei schwacher Hitze unter Rühren schmelzen. Den Guss gleichmäßig auf dem Kuchen verstreichen und in „Nasen" am Rand herunterlaufen lassen. Die Cranberries auf den noch feuchten Guss streuen. Den Guss fest werden lassen.

Tipp: Statt mit dem Schokoladenguss können Sie den Kuchen auch mit Schokoladensahne bestreichen. Dazu 400 g Schlagsahne mit 1 Päckchen Saucenpulver Schokoladen-Geschmack (ohne Kochen) steif schlagen. Nach Wunsch 3 Esslöffel Raspelschokolade unterrühren. Die Sahne gleichmäßig auf dem Kuchen verstreichen. Mit einem Löffel wellenförmig verzieren. Restliche Cranberries daraufstreuen.

Pro Stück: E: 5 g, F: 21 g, Kh: 42 g, kJ: 1580, kcal: 377

Kartoffeltorte

12 Stücke – Gut vorzubereiten – mit Alkohol

Zum Vorbereiten:
250 g festkochende Kartoffeln
Salz
50 g Rosinen
40 ml Rum

6 Eigelb (Größe M)
150 g Zucker
1 Pck. Dr. Oetker Finesse Geriebene Zitronenschale
50 g gewürfeltes Zitronat (Sukkade)
6 Eiweiß (Größe M)
1 Prise Salz

Zum Bestäuben:
40 g gesiebter Puderzucker

Zubereitungszeit: **30 Minuten, ohne Abkühl- und Durchziehzeit**
Backzeit: **50–60 Minuten**

1_ Zum Vorbereiten die Kartoffeln waschen, mit Salzwasser bedeckt zum Kochen bringen und zugedeckt etwa 20 Minuten garen. Die Kartoffeln abgießen, abdämpfen, etwas abkühlen lassen und noch warm pellen. Die Kartoffeln zugedeckt in einer Schüssel etwa 12 Stunden stehen lassen und dann auf einer Haushaltsreibe fein reiben.

2_ Rosinen in eine flache Schale geben, mit Rum beträufeln und etwa 60 Minuten durchziehen lassen.

3_ Den Backofen vorheizen.
Ober-/Unterhitze: etwa 180 °C, Heißluft: etwa 160 °C

4_ Eigelb mit Handrührgerät mit Rührbesen schaumig rühren.
Nach und nach Zucker, Zitronenschale und Zitronat hinzufügen.
Geriebene Kartoffeln und die gut abgetropften Rosinen unterrühren.
Eiweiß mit Salz steif schlagen und vorsichtig unterheben.

5_ Den Teig in eine Springform (Ø 24 cm, Boden gefettet, mit Backpapier belegt) geben und glatt streichen. Die Form auf dem Rost in den vorgeheizten Backofen schieben. Die Kartoffeltorte **50–60 Minuten backen.**

6_ Die Torte etwa 5 Minuten in der Form stehen lassen, dann den Rand mit einem Messer lösen. Die Torte auf einen mit Backpapier belegten Kuchenrost stürzen. Den Tortenrand sofort dick mit Puderzucker bestäuben. Torte erkalten lassen.

Tipp: Mit Rum abgeschmeckte Schlagsahne dazureichen.

Pro Stück: E: 4 g, F: 3 g, Kh: 24 g, kJ: 619, kcal: 148

Wertscheck einlösbar ab einem Einkaufswert von 25 €. Der **Rabatt über 5 €** wird direkt an der Kasse abgezogen. Pro Einkauf ist ein Wertscheck einlösbar. Keine Barauszahlung möglich. Nicht kombinierbar mit Personalrabatten. **Einzulösen vom 01.04. bis 30.06.2012** in Ihrer NKD Filiale.

21. März: Ihr persönlicher Schlüsselmoment!

Den ersten 50 Kunden am 21.03.2012 schenken wir diesen Schlüsselanhänger aus hochwertigem Filz!

Wertscheck einlösbar ab einem Einkaufswert von 25 €. Der **Rabatt über 5 €** wird direkt an der Kasse abgezogen. Pro Einkauf ist ein Wertscheck einlösbar. Keine Barauszahlung möglich. Nicht kombinierbar mit Personalrabatten. **Einzulösen vom 01.04. bis 30.06.2012** in Ihrer NKD Filiale.

5€
Wertscheck
812131005003
einzulösen vom 01.04.
bis 30.06.2012
NKD

5 Euro
NKD
Wertscheck
812131005003
einzulösen vom 01.04.
bis 30.06.2012
NKD

Käsekuchen ohne Boden

12 Stück – Schnell – klassisch

Für die Käsemasse:
4 Eiweiß (Größe M)
400 g Doppelrahm-Frischkäse
500 g Magerquark
1 Pck. Dr. Oetker Pudding-Pulver Vanille-Geschmack
300 g saure Sahne
4 Eigelb (Größe M)
150 g Zucker
2 Pck. Dr. Oetker Vanillin-Zucker
2 Pck. Dr. Oetker Finesse Geriebene Zitronenschale
150 ml Speiseöl
125 ml (1/8 l) Milch

Zubereitungszeit: **20 Minuten, ohne Abkühlzeit**
Backzeit: **etwa 60 Minuten**

1_ Den Backofen vorheizen.
Ober-/Unterhitze: etwa 180 °C, Heißluft: etwa 160 °C

2_ Für die Käsemasse Eiweiß steif schlagen und beiseitestellen. Frischkäse mit Quark, Pudding-Pulver, saurer Sahne, Eigelb, Zucker, Vanillin-Zucker, Zitronenschale, Speiseöl und Milch in eine Rührschüssel geben.

3_ Die Zutaten mit Handrührgerät mit Rührbesen zunächst kurz auf niedrigster, dann auf höchster Stufe in etwa 1 Minute verrühren. Den Eischnee vorsichtig unterheben.

4_ Die Quarkmasse in eine Springform (Ø 26 cm, Boden gefettet) geben und glatt streichen. Die Form auf dem Rost in den vorgeheizten Backofen schieben. Den Käsekuchen **etwa 60 Minuten backen.**

5_ Die Form etwa 15 Minuten im ausgeschalteten Backofen bei leicht geöffneter Backofentür stehen lassen.

6_ Die Form auf einen Kuchenrost stellen. Den Käsekuchen etwa 2 Stunden in der Form erkalten lassen, aus der Form lösen und auf eine Tortenplatte legen.

Tipp: Den Kuchen nach der Hälfte der Backzeit mit Backpapier zudecken. Vor dem Servieren den Kuchen mit Puderzucker bestäuben.

Pro Stück: E: 12 g, F: 30 g, Kh: 21 g, kJ: 1697, kcal: 405

Käse-Streusel-Tarte

14 Stücke – Mit Alkohol

Für die Streusel:
50 g Butter oder Margarine
70 g Weizenmehl
50 g gehackte Mandeln
40 g Zucker

Für die Quarkmasse:
1 Eigelb (Größe M)
120 g Zucker
1 Pck. Dr. Oetker Vanillin-Zucker
200 g Doppelrahm-Frischkäse
300 g Magerquark
5 EL Amaretto (Mandellikör)
30 g Speisestärke
1 Eiweiß (Größe M)

Zubereitungszeit: **30 Minuten**
Backzeit: **etwa 35 Minuten**

1_ Für die Streusel Butter oder Margarine in einem kleinen Topf bei schwacher Hitze schmelzen. Etwas abkühlen lassen. Mehl, Mandeln und Zucker in einer Rührschüssel mischen. Lauwarme, flüssige Butter oder Margarine hinzugeben. Die Zutaten mit den Händen zu Streuseln verkneten.

2_ Den Backofen vorheizen.
Ober-/Unterhitze: etwa 200 °C, Heißluft: etwa 180 °C

3_ Für die Quarkmasse Eigelb, Zucker, Vanillin-Zucker, Frischkäse, Quark, Amaretto und Speisestärke in einer Rührschüssel verrühren. Das Eiweiß steif schlagen und mit einem Teigschaber unter die Quarkmasse heben. Die Quarkmasse in eine Tarteform (Ø 28 cm, gefettet, mit Semmelbröseln ausgestreut) geben und glatt streichen.

4_ Die Teigstreusel auf der Quarkmasse verteilen. Die Form auf dem Rost in den vorgeheizten Backofen schieben.
Die Tarte **etwa 35 Minuten backen.**

5_ Die Form auf einen Kuchenrost stellen. Die Tarte erkalten lassen.

Tipp: Für eine Tarte ohne Alkohol ersetzen Sie den Mandellikör durch Mandel- oder Nuss-Sirup, den Sie in gut sortierten Kaffee- oder Likör-Abteilungen im Lebensmittelhandel erhalten. Geben Sie je nach Geschmack 2–3 Esslöffel Sirup in die Quarkmasse und probieren Sie. Rühren Sie anschließend noch 2–3 Esslöffel Milch unter die Quarkmasse.

Pro Stück: E: 6 g, F: 10 g, Kh: 20 g, kJ: 868 g, kcal: 207

Pfirsich-Kokos-Tarte

14 Stücke – Einfach

Für die Streusel:
50 g Weizenmehl
25 g Kokosraspel
50 g Zucker
50 g weiche Butter

Für den Belag:
465 g Pfirsichhälften
(aus der Dose)

Für den All-in-Teig:
1 Bio-Limette (unbehandelt, ungewachst)
125 g Weizenmehl
1 gestr. TL Dr. Oetker Backin
50 g Zucker
1 Ei (Größe M)
100 ml Speiseöl
100 g Crème fraîche
50 g Kokosraspel

Zubereitungszeit: **30 Minuten**
Backzeit: **40–45 Minuten**

1_ Den Backofen vorheizen.
Ober-/Unterhitze: etwa 180 °C, Heißluft: etwa 160 °C

2_ Für die Streusel Mehl, Kokosraspel und Zucker in einer Rührschüssel mischen. Butter hinzufügen. Die Zutaten mit Handrührgerät mit Rührbesen zu Streuseln von gewünschter Größe verarbeiten. Je länger gerührt wird, desto größer werden die Streusel. Teigstreusel kalt stellen.

3_ Für den Belag Pfirsichhälften auf einem Sieb abtropfen lassen.

4_ Für den Teig die Limette heiß abwaschen, abtrocknen und die Schale auf der Haushaltsreibe abreiben. Die Limettenschale mit Mehl und Backpulver in einer Rührschüssel mischen. Zucker, Ei, Speiseöl, Crème fraîche und Kokosraspel hinzufügen. Die Zutaten mit Handrührgerät mit Rührbesen in etwa 1 Minute zu einem glatten Teig verarbeiten.

5_ Dann den Teig in eine Tarteform (Ø 28 cm, gefettet) geben und glatt streichen. Die Pfirsichhälften in jeweils 4 Spalten schneiden und kreisförmig auf den Teig legen.

6_ Kalt gestellte Teigstreusel auf den Pfirsichspalten und den Teig verteilen. Die Form auf dem Rost in den vorgeheizten Backofen schieben. Tarte **40–45 Minuten backen.**

7_ Die Form auf einen Kuchenrost stellen. Die Tarte lauwarm oder kalt servieren.

Tipp: Wenn Sie frische Pfirsiche verwenden möchten, ritzen Sie die Haut an der Unterseite der Pfirsiche kreuzweise ein. Die Pfirsiche zuerst kurz in kochendes, anschließend in kaltes Wasser legen und die Haut abziehen. Danach die Pfirsiche halbieren und jeweils den Stein entfernen.

Pro Stück: E: 2 g, F: 16 g, Kh: 23 g, kJ: 1044, kcal: 250

Aprikosen-Buttermilch-Kuchen

15 Stücke – Fettarm

Zum Vorbereiten:
500 g frische Aprikosen oder
240 g Aprikosenhälften (aus der Dose)
½ Bund frische Minze
2 Eier (Größe M)
125 ml (⅛ l) Buttermilch
abgeriebene Schale von 1 Bio-Zitrone (unbehandelt, ungewachst)
100 g Zucker

Für den All-in-Teig:
150 g Weizenmehl
1 Pck. Dr. Oetker Pudding-Pulver Vanille-Geschmack
25 g Speisestärke
1 Prise Salz
3 gestr. TL Dr. Oetker Backin

Für den Guss:
50 g gesiebter Puderzucker
2–3 TL Zitronensaft

Zubereitungszeit: **30 Minuten, ohne Abkühlzeit**
Backzeit: **50–60 Minuten**

1_ Zum Vorbereiten Aprikosen waschen, abtropfen lassen, entstielen, halbieren und entsteinen. Oder die Aprikosenhälften aus der Dose auf einem Sieb gut abtropfen lassen. Die Aprikosenhälften klein schneiden.

2_ Minze abspülen und trocken tupfen. Die Blättchen von den Stängeln zupfen und in Streifen schneiden. Eier mit Buttermilch, Zitronenschale und Zucker verrühren. Minzestreifen unterrühren.

3_ Den Backofen vorheizen.
Ober-/Unterhitze: etwa 180 °C, Heißluft: etwa 160 °C

4_ Für den Teig Mehl mit Pudding-Pulver, Speisestärke, Salz und Backpulver in einer Rührschüssel mischen. Die Buttermilch-Eier-Mischung hinzufügen. Die Zutaten mit Handrührgerät mit Rührbesen zunächst kurz auf niedrigster, dann auf höchster Stufe in etwa 2 Minuten zu einem glatten Teig verarbeiten. Aprikosenstücke vorsichtig unterheben.

5_ Den Teig in eine Kastenform (25 x 11 cm, gefettet, mit Semmelbröseln ausgestreut) geben und glatt streichen. Die Form auf dem Rost in den vorgeheizten Backofen schieben. Den Kuchen **50–60 Minuten backen.**

6_ Nach etwa 15 Minuten Backzeit den Teig mit einem scharfen Messer der Länge nach einschneiden, damit er gleichmäßig aufgeht. Dann den Kuchen fertig backen.

7_ Die Form auf einen Kuchenrost stellen. Kuchen etwa 10 Minuten in der Form stehen lassen. Dann aus der Form lösen und auf den Kuchenrost stürzen. Kuchen wieder umdrehen und etwas abkühlen lassen.

8_ Für den Guss Puderzucker mit Zitronensaft zu einer geschmeidigen Masse verrühren. Den warmen Kuchen mit dem Guss überziehen. Aprikosen-Buttermilch-Kuchen erkalten lassen.

Pro Stück: E: 2 g, F: 1 g, Kh: 24 g, kJ: 507, kcal: 121

Tarte Tatin

14 Stücke – Klassisch

Für den Knetteig:
20 g gesiebter Puderzucker
150 g Weizenmehl
1 Pck. Dr. Oetker Vanillin-Zucker
1 Prise Salz
1 Eigelb (Größe M)
3–4 EL kaltes Wasser
80 g Butter oder Margarine

Für den Belag:
1,2 kg Äpfel, z. B. Boskop oder Elstar
2 EL Zitronensaft
120 g Zucker
50 g weiche Butter

Zum Bestäuben:
etwas Weizenmehl

Zubereitungszeit: **30 Minuten, ohne Kühlzeit**
Backzeit: **etwa 40 Minuten**

1_ Für den Teig Puderzucker mit Mehl in einer Rührschüssel mischen. Vanillin-Zucker, Salz, Eigelb, Wasser und Butter oder Margarine hinzufügen. Die Zutaten mit Handrührgerät mit Knethaken zunächst kurz auf niedrigster, dann auf höchster Stufe gut durcharbeiten. Anschließend auf der leicht bemehlten Arbeitsfläche zu einem glatten Teig verkneten. Den Teig in Frischhaltefolie wickeln und etwa 1 Stunde kalt stellen.

2_ Den Backofen vorheizen.
Ober-/Unterhitze: etwa 200 °C, Heißluft: etwa 180 °C

3_ Für den Belag Äpfel schälen, vierteln und entkernen. Apfelviertel mit Zitronensaft beträufeln.

4_ Zucker in einer Pfanne goldbraun karamellisieren. Die Butter mit einem Kochlöffel unterrühren. Den heißen Karamell in eine Tarteform (Ø 28 cm) gießen. Die Apfelviertel mit einer glatten Seite nach unten in die Form legen.

5_ Den Teig mit etwas Mehl bestäuben und auf der leicht bemehlten Arbeitsfläche zu einer runden Platte (Ø etwa 32 cm) ausrollen. Die Teigplatte auf die Apfelspalten legen. Teigplatte mit einer Gabel mehrmals einstechen. Überstehenden Teigrand nach innen, an den Rand der Form legen. Die Form auf dem Rost in den vorgeheizten Backofen schieben. Die Tarte **etwa 40 Minuten backen.**

6_ Die Form auf einen Kuchenrost stellen. Die Tarte etwa 20 Minuten in der Form abkühlen lassen, damit sich die ausgetretene Flüssigkeit sammeln kann. Die Tarte vorsichtig auf eine Platte stürzen.

Tipp: Die Tarte Tatin ist auch als Dessert sehr gut geeignet. Dazu schmeckt steif geschlagene Schlagsahne.

Pro Stück: E: 2 g, F: 8 g, Kh: 26 g, kJ: 802, kcal: 192

Zwetschen-Tarte

14 Stücke – Für Gäste

Für den Knetteig:
150 g Weizenmehl
etwa 2 EL kaltes Wasser
130 g Butter oder Margarine

Für den Belag:
500 g Zwetschen
½ Pck. Dr. Oetker Pudding-Pulver Karamell-Geschmack
250 ml (¼ l) Milch
2 gestr. EL Zucker

Zum Bestreuen und Bestäuben:
25 g Zucker
1 gestr. TL gemahlener Zimt
1–2 TL Puderzucker

Zubereitungszeit: **25 Minuten, ohne Kühlzeit**
Backzeit: **etwa 35 Minuten**

1_ Für den Teig Mehl in eine Rührschüssel geben. Wasser und Butter oder Margarine hinzufügen, mit Handrührgerät mit Knethaken zunächst kurz auf niedrigster, dann auf höchster Stufe gut durcharbeiten. Dann auf der leicht bemehlten Arbeitsfläche kurz zu einem glatten Teig verkneten, in Frischhaltefolie gewickelt etwa 1 Stunde in den Kühlschrank stellen.

2_ Für den Belag Zwetschen abspülen, abtropfen lassen, entstielen, halbieren und entsteinen. Zwetschenhälften nochmals längs durchschneiden.

3_ Pudding-Pulver mit 6 Esslöffeln von der Milch und Zucker verrühren. Restliche Milch in einem Topf zum Kochen bringen, von der Kochstelle nehmen, angerührtes Pudding-Pulver einrühren. Pudding unter Rühren aufkochen lassen. Pudding etwas abkühlen lassen, ab und zu umrühren.

4_ Den Backofen vorheizen.
Ober-/Unterhitze: etwa 200 °C, Heißluft: etwa 180 °C

5_ Teig und Arbeitsfläche leicht mit Mehl bestäuben. Den Teig zu einer runden Platte (Ø etwa 32 cm) ausrollen. Den Teig in eine Tarteform (Ø etwa 28 cm, gefettet) legen und am Rand andrücken. Eventuell überstehenden Rand abschneiden, auf den Teigboden legen und andrücken. Den Teigboden mit einer Gabel mehrfach einstechen.

6_ Die Form auf dem Rost auf mittlerer Einschubleiste in den vorgeheizten Backofen schieben. Den Tarteboden **etwa 10 Minuten vorbacken.** Dann die Form auf einen Kuchenrost stellen. Teigboden kurz abkühlen lassen.

7_ Den Pudding auf dem Tarteboden verteilen und glatt streichen. Zwetschen dachziegelartig darauf verteilen, dabei leicht in den Pudding drücken. Zucker und Zimt mischen und auf die Zwetschen streuen.

8_ Die Form wieder in den vorgeheizten Backofen schieben. Die Tarte **25–30 Minuten backen.** Dann die Form auf einen Kuchenrost stellen. Die Tarte warm oder kalt servieren, vorher mit Puderzucker bestäuben.

Tipp: Sollten die Zwetschen sehr saftig sein, sie nicht vor, sondern erst nach dem Backen mit Zimt-Zucker bestreuen.

Pro Stück: E: 2 g, F: 9 g, Kh: 19 g, kJ: 699, kcal: 167

Trauben-Wähe

14 Stücke – Fruchtig

Für den Hefeteig:
200 g Weizenmehl
2 gestr. TL Dr. Oetker Trockenbackhefe
50 g Zucker
1 Pck. Dr. Oetker Vanillin-Zucker
100 ml lauwarme Milch
50 g weiche Butter oder Margarine

Für den Belag:
je 250 g grüne und blaue Weintrauben

Für den Guss:
200 g Schlagsahne
1 Eigelb (Größe M)
1 Pck. Saucenpulver Vanille-Geschmack zum Kochen
1 EL Zucker

Zubereitungszeit: **30 Minuten, ohne Teiggehzeit**
Backzeit: **etwa 25 Minuten**

1_ Für den Teig Mehl in eine Rührschüssel geben und mit der Trockenbackhefe sorgfältig vermischen. Zucker, Vanillin-Zucker, Milch und Butter oder Margarine hinzufügen. Die Zutaten mit Handrührgerät mit Knethaken zunächst kurz auf niedrigster, dann auf höchster Stufe in etwa 5 Minuten zu einem glatten Teig verarbeiten.

2_ Den Teig zugedeckt so lange an einem warmen Ort gehen lassen, bis er sich sichtbar vergrößert hat (etwa 20 Minuten).

3_ Für den Belag Weintrauben abspülen, trocken tupfen, entstielen, halbieren und entkernen.

4_ Den gegangenen Teig mit etwas Mehl bestäuben, aus der Schüssel nehmen und auf der leicht bemehlten Arbeitsfläche nochmals kurz durchkneten. Den Teig zu einer runden Platte (Ø etwa 34 cm) ausrollen, in eine Wähen- oder Tarteform (Ø 28 cm, gefettet) legen und am Rand leicht andrücken.

5_ Die Weintraubenhälften auf dem Teig verteilen. Den Teig nochmals zugedeckt so lange an einem warmen Ort gehen lassen, bis er sich sichtbar vergrößert hat (etwa 20 Minuten).

6_ Den Backofen vorheizen.
Ober-/Unterhitze: etwa 200 °C, Heißluft: etwa 180 °C

7_ Für den Guss Sahne mit Eigelb, Saucenpulver und Zucker verschlagen. Den Guss auf den Weintraubenhälften verteilen. Die Form auf dem Rost in den vorgeheizten Backofen schieben.
Die Wähe **etwa 25 Minuten backen.**

8_ Die Form auf einen Kuchenrost stellen und die Trauben-Wähe in der Form erkalten lassen.

Pro Stück: E: 3 g, F: 9 g, Kh: 25 g, kJ: 811, kcal: 194

Stachelbeerkuchen

12 Stücke – Ganz einfach

Zum Vorbereiten:
125 g Butter oder Margarine

Für den Belag:
360 g Stachelbeeren (aus dem Glas)

Für den All-in-Teig:
250 g Weizenmehl
3 gestr. TL Dr. Oetker Backin
150 g Puderzucker
1 Pck. Dr. Oetker Bourbon-Vanille-Zucker
1 Prise Salz
4 Eier (Größe M)
200 g Schmand (Sauerrahm)

Zum Bestäuben:
1 EL Puderzucker

Zubereitungszeit: **20 Minuten, ohne Abkühlzeit**
Backzeit: **40–45 Minuten**

1_ Zum Vorbereiten Butter oder Margarine in einem Topf bei schwacher Hitze zerlassen und etwas abkühlen lassen. Stachelbeeren auf einem Sieb abtropfen lassen.

2_ Den Backofen vorheizen.
Ober-/Unterhitze: etwa 180 °C, Heißluft: etwa 160 °C

3_ Für den Teig Mehl mit Backpulver in einer Rührschüssel mischen. Puderzucker, Vanille-Zucker, Salz, Eier, Schmand und zerlassene Butter oder Margarine hinzufügen, mit Handrührgerät mit Rührbesen auf höchster Stufe in 1 Minute zu einem glatten Teig verarbeiten.

4_ Den Teig in eine Springform (Ø 26 cm, Springformboden gefettet) füllen und verstreichen. Stachelbeeren auf dem Teig verteilen, dabei am Rand etwa 1 cm frei lassen. Die Form auf dem Rost im unteren Drittel in den vorgeheizten Backofen schieben. Den Kuchen **40–45 Minuten backen.**

5_ Die Form etwa 10 Minuten auf einen Kuchenrost stellen. Den Kuchen mit einem Messer aus der Form lösen und auf einem mit Backpapier belegten Kuchenrost etwa 1 Stunde erkalten lassen.

6_ Den Kuchen mit Puderzucker bestäuben.

Tipp: Den Stachelbeerkuchen mit 200 g geschlagener Sahne servieren. Der Kuchen ist ohne Puderzucker auch zum Einfrieren geeignet.

Pro Stück: E: 5 g, F: 15 g, Kh: 35 g, kJ: 1251, kcal: 299

Marmorkuchen

20 Stücke – Klassiker

Für den Rührteig:
225 g weiche Butter
oder Margarine
200 g Zucker
1 Pck. Dr. Oetker Vanillin-Zucker
1 Prise Salz
4 Eier (Größe M)
275 g Weizenmehl
3 gestr. TL Dr. Oetker Backin
etwa 2 EL Milch
15 g Kakaopulver
15 g Zucker
etwa 2 EL Milch

Zum Bestäuben:
1 EL Puderzucker

Zubereitungszeit: **30 Minuten**
Backzeit: **etwa 55 Minuten**

1_ Den Backofen vorheizen.
Ober-/Unterhitze: etwa 180 °C, Heißluft: etwa 160 °C

2_ Für den Teig Butter oder Margarine in einer Rührschüssel mit Handrührgerät mit Rührbesen auf höchster Stufe geschmeidig rühren. Nach und nach Zucker, Vanillin-Zucker und Salz unterrühren. So lange rühren, bis eine gebundene Masse entstanden ist.

3_ Jedes Ei etwa 1/2 Minute unterrühren. Mehl mit Backpulver mischen und abwechselnd mit der Milch in 2 Portionen kurz auf mittlerer Stufe unterrühren.

4_ Zwei Drittel des Teiges in eine Gugelhupfform (Ø 22 cm, gefettet) füllen. Kakaopulver sieben und mit Zucker und Milch unter den übrigen Teig rühren. Den dunklen Teig auf dem hellen Teig verteilen und eine Gabel spiralförmig leicht durch die Teigschichten ziehen, sodass ein Marmormuster entsteht.

5_ Die Form auf dem Rost im unteren Drittel in den vorgeheizten Backofen schieben. Den Kuchen **etwa 55 Minuten backen.**

6_ Den Kuchen etwa 10 Minuten in der Form stehen lassen, dann aus der Form lösen, auf einen Kuchenrost stürzen und erkalten lassen.

7_ Den Kuchen mit Puderzucker bestäuben.

Tipp: Verfeinern Sie den Teig mit Rum-Aroma aus dem Röhrchen.
Der Kuchen ist auch gefriergeeignet.

Pro Stück: E: 3 g, F: 11 g, Kh: 22 g, kJ: 849, kcal: 203

Kirschkuchen mit Guss

12 Stücke – Fruchtig

Zum Vorbereiten:
350 g Sauerkirschen
(aus dem Glas)

Für den Rührteig:
125 g weiche Butter
oder Margarine
125 g Zucker
1 Pck. Dr. Oetker Vanillin-Zucker
1 Prise Salz
3 Eier (Größe M)
200 g Weizenmehl
2 gestr. TL Dr. Oetker Backin
1 EL Milch

Außerdem:
50 g gehobelte Mandeln

Für den Guss:
1 Pck. ungezuckerter Tortenguss
250 ml (1/4 l) Kirschsaft
(aus dem Glas)
1 TL Zucker

Zubereitungszeit: **30 Minuten, ohne Abkühlzeit**
Backzeit: **40–50 Minuten**

1_ Zum Vorbereiten die Kirschen auf einem Sieb abtropfen lassen. Dabei den Saft auffangen und 250 ml (1/4 l) davon abmessen.

2_ Den Backofen vorheizen.
Ober-/Unterhitze: etwa 180 °C, Heißluft: etwa 160 °C

3_ Für den Teig Butter oder Margarine in einer Rührschüssel mit Handrührgerät mit Rührbesen auf höchster Stufe geschmeidig rühren. Nach und nach Zucker, Vanillin-Zucker und Salz unterrühren. So lange rühren, bis eine gebundene Masse entstanden ist.

4_ Jedes Ei etwa 1/2 Minute unterrühren. Mehl mit Backpulver mischen und in 2 Portionen abwechselnd mit der Milch auf mittlerer Stufe unterrühren.

5_ Den Teig in eine Springform (Ø 26 cm, Springformboden gefettet) geben und glatt streichen. Sauerkirschen darauf verteilen, dabei rundherum einen etwa 1 cm breiten Rand frei lassen. Mandeln daraufstreuen. Die Form auf einem Rost im unteren Drittel in den vorgeheizten Backofen schieben. Den Kuchen **40–50 Minuten backen.**

6_ Nach dem Backen die Form auf einen Kuchenrost stellen. Den Kuchen in der Form etwa 1 Stunde erkalten lassen, dann aus der Form lösen.

7_ Für den Guss aus Tortengusspulver, Kirschsaft und Zucker nach Packungsanleitung einen Guss zubereiten. Den Guss löffelweise von der Mitte aus zügig über die Kirschen geben. Den Kirschkuchen mindestens 30 Minuten in den Kühlschrank stellen.

Pro Stück: E: 5 g, F: 13 g, Kh: 32 g, kJ: 1129, kcal: 269

Rührteig-Kastenkuchen

15 Stücke – Gefriergeeignet

Für den Rührteig:
250 g weiche Butter
oder Margarine
150 g Zucker
1 Pck. Dr. Oetker Vanillin-Zucker
1 Prise Salz
4 Eier (Größe M)
300 g Weizenmehl
4 gestr. TL Dr. Oetker Backin
2 EL Milch

Zubereitungszeit: **20 Minuten**
Backzeit: **etwa 60 Minuten**

1_ Den Backofen vorheizen.
Ober-/Unterhitze: etwa 180 °C, Heißluft: etwa 160 ° C

2_ Für den Teig Butter oder Margarine mit Handrührgerät mit Rührbesen auf höchster Stufe geschmeidig rühren. Nach und nach Zucker, Vanillin-Zucker und Salz unterrühren. So lange rühren, bis eine gebundene Masse entstanden ist.

3_ Jedes Ei etwa 1/2 Minute auf höchster Stufe unterrühren. Mehl mit Backpulver mischen und abwechselnd mit der Milch in 2 Portionen kurz auf mittlerer Stufe unterrühren.

4_ Den Teig in einer Kastenform (25 x 11 cm, gefettet, bemehlt) verteilen und glatt streichen. Die Form auf dem Rost im unteren Drittel in den vorgeheizten Backofen schieben.
Den Kuchen **etwa 60 Minuten backen.**
Nach etwa 15 Minuten Backzeit den Kuchen mit einem spitzen Messer der Länge nach in der Mitte etwa 1 cm tief einschneiden.

5_ Den Kuchen 10 Minuten in der Form stehen lassen, dann aus der Form lösen und auf einen Kuchenrost stürzen. Kuchen erkalten lassen.

Tipp: Verfeinern Sie den Kuchen, indem Sie 100 g gehackte Nusskerne oder 100 g gehackte Schokolade zusätzlich unter den Teig heben.
Sie können den Kuchen auch in einer Gugelhupfform (Ø 22–24 cm, gefettet, bemehlt) backen. Geben Sie dann zusätzlich noch 100 g Krokant unter den Teig. Den Kuchen 45–55 Minuten backen.
Der Kuchen kann schon am Vortag gebacken werden.
Den ausgekühlten Kuchen gut verpacken und kühl aufbewahren.

Pro Stück: E: 4 g, F: 16 g, Kh: 25 g, kJ: 1104, kcal: 264

Pflaumen-Streusel-Kuchen

12 Stücke – Für Kinder

Zum Vorbereiten:
125 g Butter
385 g Pflaumen
(aus dem Glas)

Für den Streuselteig:
200 g Weizenmehl
1 gestr. TL Dr. Oetker Backin
100 g Zucker
1 Pck. Dr. Oetker Vanillin-Zucker
1 Prise Salz

Für den Guss:
200 g Schmand (Sauerrahm)
1 Ei (Größe M)
1 Pck. Saucenpulver Vanille-Geschmack zum Kochen
50 g Zucker

Zubereitungszeit: **15 Minuten**
Backzeit: **45–50 Minuten**

1_ Zum Vorbereiten Butter bei schwacher Hitze zerlassen und kurz abkühlen lassen. Pflaumen auf einem Sieb gut abtropfen lassen.

2_ Den Backofen vorheizen.
Ober-/Unterhitze: etwa 180 °C, Heißluft: etwa 160 °C

3_ Für den Teig Mehl mit Backpulver in einer Rührschüssel mischen. Zucker, Vanillin-Zucker, Salz und zerlassene Butter hinzufügen. Die Zutaten mit Handrührgerät mit Rührbesen zunächst kurz auf niedrigster, dann auf höchster Stufe kurz zu feinen Streuseln verarbeiten.

4_ Etwa drei Viertel der Streusel in einer Springform (Ø 26 cm, gefettet) verteilen und zu einem Boden andrücken. Pflaumen darauf verteilen.

5_ Für den Guss Schmand mit Ei, Saucenpulver und Zucker mit einem Schneebesen verrühren. Guss auf die Pflaumen gießen und mit den restlichen Streuseln bestreuen.

6_ Die Form im unteren Drittel auf dem Rost in den vorgeheizten Backofen schieben. Den Kuchen **45–50 Minuten backen.**

7_ Die Form auf einen Kuchenrost stellen. Den Kuchen etwa 10 Minuten abkühlen lassen, dann den Springformrand lösen und entfernen. Den Kuchen mit dem Springformboden auf dem Kuchenrost erkalten lassen. Dann den Kuchen vom Springformboden lösen und auf eine Tortenplatte legen.

Tipp: Zum Rühren eine hohe Schüssel verwenden oder den Rand locker mit Küchenpapier bedecken, damit die Streusel nicht aus der Schüssel springen.

Pro Stück: E: 3 g, F: 13 g, Kh: 33 g, kJ: 1118, kcal: 267

Marmor-Becherkuchen

15 Stücke – Backen ohne Waage – gefriergeeignet

Für den All-in-Teig:
1 Becher (150 g) saure Sahne
2 Becher (200 g) Weizenmehl
3 gestr. TL Dr. Oetker Backin
1 Becher (150 g) Zucker
1 Pck. Dr. Oetker Vanillin-Zucker
3 Eier (Größe M)
gut ½ Pck. (150 g) weiche Butter
1 leicht geh. EL Kakaopulver

Zum Verzieren:
50 g Zartbitter-Schokolade
1 TL Speiseöl,
z. B. Sonnenblumenöl

Zubereitungszeit: **25 Minuten, ohne Abkühlzeit**
Backzeit: **etwa 50 Minuten**

1_ Den Backofen vorheizen.
Ober-/Unterhitze: etwa 180 °C, Heißluft: etwa 160 °C

2_ Für den Teig saure Sahne in ein Schälchen geben, den Becher abwaschen, abtrocknen und zum Abmessen der Zutaten verwenden. Mehl mit Backpulver in einer Rührschüssel mischen. Zucker, Vanillin-Zucker, Eier, Butter und saure Sahne hinzufügen. Die Zutaten mit Handrührgerät mit Rührbesen erst kurz auf niedrigster, dann auf höchster Stufe in etwa 2 Minuten zu einem glatten Teig verarbeiten.

3_ Die Hälfte des Teiges in die Kastenform (25 x 11 cm, gefettet, bemehlt) füllen. Den Kakao auf den restlichen Teig sieben und unterrühren. Den dunklen Teig auf dem hellen Teig verteilen. Eine Gabel spiralförmig durch die Teigschichten ziehen, sodass ein Marmormuster entsteht. Die Form im unteren Drittel auf dem Rost in den vorgeheizten Backofen schieben. Den Kuchen **etwa 50 Minuten backen.**

4_ Den Kuchen 10 Minuten in der Form stehen lassen, dann aus der Form lösen und auf einem mit Backpapier belegten Kuchenrost erkalten lassen.

5_ Zum Verzieren Schokolade in kleine Stücke brechen und mit Speiseöl in einem kleinen Topf im Wasserbad bei schwacher Hitze unter Rühren schmelzen. Die Schokolade mit einem kleinen Löffel über den Kuchen sprenkeln und fest werden lassen.

Pro Stück: E: 3 g, F: 12 g, Kh: 22 g, kJ: 909, kcal: 217

Faule-Weiber-Kuchen

12 Stücke – Fast schon ein Klassiker

Für den Knetteig:
200 g Weizenmehl
1 gestr. TL Dr. Oetker Backin
75 g Zucker
125 g Butter oder Margarine

Für die Füllung:
750 g Magerquark
2 Eier (Größe M)
150 g Zucker
1 Pck. Dr. Oetker Pudding-Pulver Vanille-Geschmack
200 g Schmand (Sauerrahm)
75 ml Speiseöl, z. B. Rapsöl
150 ml Milch

Zum Bestäuben:
1–2 TL Puderzucker

Zubereitungszeit: **25 Minuten, ohne Kühl- und Abkühlzeit**
Backzeit: **etwa 100 Minuten**

1_ Den Backofen vorheizen.
Ober-/Unterhitze: etwa 180 °C, Heißluft: etwa 160 °C

2_ Für den Teig Mehl mit Backpulver in einer Rührschüssel mischen. Restliche Zutaten hinzufügen und mit Handrührgerät mit Knethaken zunächst kurz auf niedrigster, dann auf höchster Stufe gut durcharbeiten.

3_ Anschließend den Teig auf der leicht bemehlten Arbeitsfläche kurz verkneten. Sollte er kleben, ihn in Frischhaltefolie gewickelt eine Zeit lang in den Kühlschrank stellen.

4_ Dann zwei Drittel des Teiges auf dem Boden einer Springform (Ø 26 cm, gefettet) ausrollen. Den Springformrand darumlegen und den Boden mehrmals mit einer Gabel einstechen. Die Form auf dem Rost auf mittlerer Einschubleiste in den vorgeheizten Backofen schieben. Den Kuchenboden **etwa 15 Minuten vorbacken.**

5_ Die Form auf einen Kuchenrost stellen und den Boden etwas abkühlen lassen.

6_ Restlichen Teig zu einer Rolle formen, sie auf den vorgebackenen Boden legen und so an die Form drücken, dass ein etwa 3 cm hoher Rand entsteht.

7_ Für die Füllung Quark, Eier, Zucker, Pudding-Pulver, Schmand, Speiseöl und Milch geschmeidig rühren, auf dem vorgebackenen Boden verteilen. Die Form auf dem Rost in den vorgeheizten Backofen schieben. Kuchen **bei gleicher Backofeneinstellung etwa 85 Min. weiterbacken.**

8_ Die Form auf einen Kuchenrost stellen und den Kuchen in der Form erkalten lassen. Vor dem Servieren mit Puderzucker bestäuben.

Tipp: Sie können den Kuchen bereits 1 Tag vor dem Verzehr zubereiten. Sie können nach Belieben den erkalteten Kuchen mit gut abgetropftem Obst aus der Dose belegen und das Obst mit Tortenguss überziehen.

Pro Stück: E: 12 g, F: 21 g, Kh: 37 g, kJ: 1629, kcal: 389

Durstige Liese

20 Stücke – Preiswert – gefriergeeignet

Für den Rührteig:
200 g weiche Butter
oder Margarine
200 g Zucker
1 Pck. Dr. Oetker Vanillin-Zucker
4 Eier (Größe M)
200 g Weizenmehl
50 g Speisestärke
2 TL Dr. Oetker Backin
1 Pck. Dr. Oetker Finesse
Geriebene Zitronenschale

Zum Beträufeln:
150 ml Orangensaft
50 ml Zitronensaft
evtl. 1 EL Zucker

Zubereitungszeit: **15 Minuten, ohne Abkühlzeit**
Backzeit: **etwa 45 Minuten**

1_ Den Backofen vorheizen.
Ober-/Unterhitze: etwa 180 °C, Heißluft: etwa 160 °C

2_ Für den Rührteig Butter oder Margarine mit Handrührgerät mit Rührbesen auf höchster Stufe geschmeidig rühren. Nach und nach Zucker und Vanillin-Zucker unterrühren. So lange rühren, bis eine gebundene Masse entstanden ist.

3_ Jedes Ei etwa 1/2 Minute auf höchster Stufe unterrühren. Mehl mit Speisestärke, Backpulver und Zitronenschale vermischen und auf mittlerer Stufe unterrühren.

4_ Den Teig in eine Gugelhupfform (Ø 22–24 cm, gefettet) füllen. Die Form auf dem Rost im unteren Drittel in den vorgeheizten Backofen schieben. Den Kuchen **etwa 45 Minuten backen.**

5_ Den Kuchen etwa 10 Minuten in der Form stehen lassen, dann auf einen mit Backpapier belegten Kuchenrost stürzen. Den Kuchen mit einem Holzstäbchen mehrmals einstechen und mit Orangen- und Zitronensaft (evtl. mit Zucker verrührt) beträufeln.

Tipp: Der Kuchen kann bereits am Vortag zubereitet werden. Der Teig kann auch als Blechkuchen gebacken werden. Dazu den Teig auf ein Backblech (30 x 40 cm, gefettet) streichen und etwa 30 Minuten bei gleicher Backofeneinstellung backen.

Pro Stück: E: 2 g, F: 10 g, Kh: 20 g, kJ: 764, kcal: 183

Mousse-au-Chocolat-Tarte

12 Stücke – Für Schokoliebhaber

Für den Rührteig:
200 g Zartbitter-Schokolade
150 g Butter
5 Eiweiß (Größe M)
1 Prise Salz
5 Eigelb (Größe M)
100 g Zucker
1 Pck. Dr. Oetker Vanillin-Zucker
100 g abgezogene, gemahlene Mandeln
1 Msp. Dr. Oetker Backin
1 Pck. Gala Pudding-Pulver Schokoladen-Geschmack

Zum Bestäuben:
1 EL Kakaopulver

Zubereitungszeit: **25 Minuten, ohne Abkühlzeit**
Backzeit: **etwa 35 Minuten**

1_ Den Backofen vorheizen.
Ober-/Unterhitze: etwa 180 °C, Heißluft: etwa 160 °C

2_ Für den Teig Schokolade in Stücke brechen und mit der Butter in einem Topf bei schwacher Hitze unter Rühren schmelzen. Schoko-Butter-Masse beiseitestellen und abkühlen lassen. Eiweiß mit Salz in einer Rührschüssel so steif schlagen, dass ein Messerschnitt sichtbar bleibt.

3_ In einer anderen Rührschüssel Eigelb mit Zucker und Vanillin-Zucker mit Handrührgerät mit Rührbesen weißschaumig rühren und die Schoko-Butter-Masse unterrühren. Eischnee unterheben. Mandeln, Backpulver und Pudding-Pulver mischen und ebenfalls unterheben.

4_ Den Teig in eine Springform (Ø 26 cm, Springformboden, gefettet, mit Backpapier belegt) füllen und glatt streichen. Die Form im unteren Drittel auf dem Rost in den vorgeheizten Backofen schieben.
Tarte **etwa 35 Minuten backen.**

5_ Die Tarte etwa 1 Stunde in der Form auf einem Kuchenrost abkühlen lassen, dann den Springformrand lösen und entfernen. Die Tarte auf einen Kuchenrost setzen und völlig erkalten lassen, dann auch vom Springformboden lösen und das Backpapier entfernen. Vor dem Servieren die Tarte mit Kakaopulver bestäuben.

Tipp: Die Tarte einen Tag in Alufolie verpackt kalt stellen, so zieht sie besonders gut durch.
Die Tarte schmeckt weniger herb, wenn die Hälfte der Zartbitter-Schokolade durch Vollmilch-Schokolade ersetzt wird.

Pro Stück: E: 6 g, F: 23 g, Kh: 19 g, kJ: 1307, kcal: 312

Zebrakuchen

12 Stücke – Gelingt leicht

Für den Teig:
5 Eigelb (Größe M)
250 g Zucker
1 Pck. Dr. Oetker Vanillin-Zucker
125 ml (1/8 l) lauwarmes Wasser
250 ml (1/4 l) Speiseöl,
z. B. Sonnenblumenöl
375 g Weizenmehl
1 Pck. Dr. Oetker Backin
5 Eiweiß (Größe M)
2 EL gesiebtes Kakaopulver

Für den Guss:
150 g Puderzucker
2 EL Zitronensaft
3–4 EL Wasser

Zubereitungszeit: **25 Minuten, ohne Abkühlzeit**
Backzeit: **50–60 Minuten**

1_ Den Backofen vorheizen.
Ober-/Unterhitze: etwa 180 °C, Heißluft: etwa 160 °C

2_ Für den Teig Eigelb, Zucker und Vanillin-Zucker mit Handrührgerät mit Rührbesen schaumig rühren. Wasser und Öl unterrühren.

3_ Mehl mit Backpulver mischen und in 2 Portionen kurz unterrühren. Eiweiß steif schlagen und unterheben. Den Teig halbieren und unter eine Hälfte des Teiges den Kakao rühren.

4_ Für das Zebramuster zunächst 2 Esslöffel des hellen Teiges in die Mitte einer Springform (Ø 26 cm, Boden gefettet, mit Semmelbröseln bestreut) geben (nicht verteilen!). Auf den hellen Teig 2 Esslöffel von dem dunklen Teig geben (nicht daneben).

5_ Den Vorgang wiederholen, bis der Teig aufgebraucht ist. Den Teig nicht glatt streichen. Die Form auf dem Rost im unteren Drittel in den vorgeheizten Backofen schieben. Den Kuchen **50–60 Minuten backen.**

6_ Zebrakuchen etwa 10 Minuten auf einem Kuchenrost abkühlen lassen, dann aus der Form lösen und auf einem Kuchenrost erkalten lassen.

7_ Für den Guss Puderzucker, Zitronensaft und so viel Wasser verrühren, dass ein dünnflüssiger Guss entsteht. Den erkalteten Kuchen damit überziehen und fest werden lassen.

Tipp: Ohne Guss ist der Kuchen auch zum Einfrieren geeignet.

Pro Stück: E: 6 g, F: 33 g, Kh: 57 g, kJ: 1986, kcal: 475

Schoko-Kirsch-Gugelhupf

20 Stücke – Schnell zubereitet

Zum Vorbereiten:
350 g Sauerkirschen
(aus dem Glas)

Für den All-in-Teig:
200 g Weizenmehl
2 Pck. Dr. Oetker Pudding-Pulver Schokoladen-Geschmack
1 Pck. Dr. Oetker Backin
125 g Zucker
1 Pck. Dr. Oetker Bourbon-Vanille-Zucker
5 Eier (Größe M)
150 ml Sonnenblumenöl
125 ml (1/8 l) Buttermilch
100 g Raspelschokolade

Zum Bestäuben:
1 EL Puderzucker

Zubereitungszeit: **20 Minuten, ohne Abkühlzeit**
Backzeit: **etwa 75 Minuten**

1_ Zum Vorbereiten Kirschen auf einem Sieb gut abtropfen lassen.

2_ Den Backofen vorheizen.
Ober-/Unterhitze: etwa 180 °C, Heißluft: etwa 160 °C

3_ Für den Teig Mehl mit Pudding-Pulver und Backpulver in einer Rührschüssel mischen. Zucker, Vanille-Zucker, Eier, Öl und Buttermilch hinzufügen. Die Zutaten in etwa 1 Minute mit Handrührgerät mit Rührbesen erst kurz auf niedrigster, dann auf höchster Stufe zu einem glatten Teig verarbeiten.

4_ Raspelschokolade und Sauerkirschen vorsichtig unterheben.
Den Teig in eine Gugelhupfform (Ø 22–24 cm, gefettet, bemehlt) füllen und verstreichen. Die Form auf dem Rost im unteren Drittel in den vorgeheizten Backofen schieben.
Den Kuchen **etwa 75 Minuten backen.**

5_ Den Kuchen nach dem Backen etwa 10 Minuten in der Form stehen lassen, dann aus der Form lösen, auf einen Kuchenrost stürzen und erkalten lassen. Vor dem Servieren den Kuchen mit Puderzucker bestäuben.

Tipp: Den Kuchen mit 100 g geschmolzener Zartbitter-Schokolade überziehen, sodass der Guss in dicken „Nasen“ herunterläuft.

Pro Stück: E: 4 g, F: 11 g, Kh: 24 g, kJ: 876, kcal: 209

Quark-Eierschecke

12 Stücke – Einfach

Für die Quarkmasse:
750 g Magerquark
170 g Zucker
1 Pck. Dr. Oetker Pudding-Pulver Vanille-Geschmack
2 Eier (Größe M)

Für die Eierscheckenmasse:
5 Eiweiß (Größe M)
100 g Zucker
375 ml (3/8 l) Milch
1 Pck. Pudding-Pulver Vanille-Geschmack
5 Eigelb (Größe M)
100 g Butter

Zubereitungszeit: **30 Minuten, ohne Abkühlzeit**
Backzeit: **50–60 Minuten**

1_ Den Backofen vorheizen.
Ober-/Unterhitze: etwa 180 °C, Heißluft: etwa 160 °C

2_ Für die Quarkmasse Quark, Zucker, Pudding-Pulver und Eier in eine Schüssel geben und die Zutaten mit Handrührgerät mit Rührbesen zu einer geschmeidigen Masse verrühren. Die Masse in eine Springform (Ø 26 cm, gefettet) geben und glatt streichen.

3_ Für die Eierscheckenmasse Eiweiß steif schlagen. Ein Drittel des Zuckers langsam einstreuen, dabei den Eischnee weiterschlagen, bis er glänzt.

4_ Von der Milch 100 ml abmessen und mit Pudding-Pulver, Eigelb und restlichem Zucker verrühren. Restliche Milch in einem Topf kurz aufkochen lassen und den Topf von der Kochstelle nehmen. Angerührtes Pudding-Pulver unterrühren und unter Rühren etwa 1 Minute aufkochen. Den Topf wieder von der Kochstelle nehmen. Butter unter den Pudding rühren. Eischnee in 2 Portionen kurz unterrühren.

5_ Die Eierscheckenmasse löffelweise auf der Quarkmasse verteilen und glatt streichen. Die Form auf dem Rost im unteren Drittel in den vorgeheizten Backofen schieben. Den Kuchen **50–60 Minuten backen.**

6_ Die Form auf einen Kuchenrost stellen und die Eierschecke in der Form erkalten lassen. Die erkaltete Eierschecke aus der Form lösen und auf eine Tortenplatte legen.

Tipp: Nach Belieben 350 g Sauerkirschen (aus dem Glas) mit etwa 25 g angerührter Speisestärke unter Rühren aufkochen, mit Zucker abschmecken und heiß oder kalt dazureichen.
Statt Pudding-Pulver Vanille-Geschmack Pudding-Pulver Sahne-Geschmack verwenden.

Pro Stück: E: 13 g, F: 12 g, Kh: 31 g, kJ: 1221, kcal: 292

Feiner Schokoladen-Gugelhupf

20 Stücke – Für Gäste

Für den Rührteig:
150 g Zartbitter-Schokolade
4 Eiweiß (Größe M)
75 g Zucker
150 g weiche Butter
oder Margarine
75 g Zucker
1 Pck. Dr. Oetker Vanillin-Zucker
1 Prise Salz
2 Eier (Größe M)
4 Eigelb (Größe M)
150 g Weizenmehl
1 gestr. TL Dr. Oetker Backin
10 g Kakaopulver

Zum Bestäuben:
1 EL Puderzucker

Zubereitungszeit: **30 Minuten, ohne Abkühlzeit**
Backzeit: **etwa 45 Minuten**

1_ Für den Teig Schokolade in Stücke brechen und in einem kleinen Topf im Wasserbad bei schwacher Hitze unter Rühren schmelzen lassen. Schokolade abkühlen lassen. Eiweiß mit Zucker so steif schlagen, dass ein Messerschnitt sichtbar bleibt.

2_ Den Backofen vorheizen.
Ober-/Unterhitze: etwa 180 °C, Heißluft: etwa 160 °C

3_ Butter oder Margarine mit Handrührgerät mit Rührbesen auf höchster Stufe geschmeidig rühren. Nach und nach Zucker, Vanillin-Zucker, Salz und flüssige Schokolade unterrühren. So lange rühren, bis eine gebundene Masse entstanden ist.

4 Eier und Eigelb nach und nach unterrühren (jedes Ei etwa ½ Minute). Mehl mit Backpulver und Kakao vermischen und in 2 Portionen auf mittlerer Stufe unterrühren. Eischnee mit einem Teigschaber unterheben.

5_ Den Teig in eine Gugelhupfform (Ø 22–24 cm, gefettet, mit Semmelbröseln ausgestreut) füllen und glatt streichen. Die Form auf dem Rost im unteren Drittel in den vorgeheizten Backofen schieben.
Den Kuchen **etwa 45 Minuten backen.**

6_ Die Form auf einen Kuchenrost stellen. Nach etwa 10 Minuten den Kuchen auf einen mit Backpapier belegten Kuchenrost stürzen, erkalten lassen. Den Kuchen vor dem Servieren mit Puderzucker bestäuben.

Tipp: Der Kuchen kann bereits am Vortag gebacken werden.

Pro Stück: E: 4 g, F: 11 g, Kh: 17 g, kJ: 777, kcal: 186

Möhrenkuchen

15 Stücke – Mit Alkohol

Zum Vorbereiten:
200–250 g Möhren

Für den Teig:
4 Eiweiß (Größe M)
4 Eigelb (Größe M)
160 g Zucker
1 Pck. Dr. Oetker Vanillin-Zucker
1 Prise Salz
2–3 EL Rum oder Orangensaft
50 g Weizenmehl
2 ½ gestr. TL Dr. Oetker Backin
300 g nicht abgezogene, gemahlene Mandeln

Für den Guss:
100 g gesiebter Puderzucker
1–2 EL Zitronensaft

Zubereitungszeit: **30 Minuten, ohne Abkühlzeit**
Backzeit: **etwa 60 Minuten**

1_ Zum Vorbereiten für den Teig die Möhren putzen, schälen, abspülen, gut abtropfen lassen und auf einer Küchenreibe fein raspeln.

2_ Den Backofen vorheizen.
Ober-/Unterhitze: etwa 180 °C, Heißluft: etwa 160 °C

3_ Für den Teig Eiweiß in einer Rührschüssel so steif schlagen, dass ein Messerschnitt sichtbar bleibt und beiseitestellen. Eigelb mit Zucker, Vanillin-Zucker und Salz in einer anderen Rührschüssel mit Handrührgerät mit Rührbesen auf höchster Stufe etwa 5 Minuten schaumig rühren.

4_ Rum oder Orangensaft kurz unterrühren. Mehl mit Backpulver mischen, mit der Hälfte der Mandeln auf niedrigster Stufe unterrühren.

5_ Eischnee unterheben. Übrige Mandeln und die Möhrenraspel ebenfalls kurz unterrühren. Den Teig in eine Kastenform (25 x 11 cm, gefettet, bemehlt) füllen. Die Form auf dem Rost im unteren Drittel in den vorgeheizten Backofen schieben. Den Kuchen **etwa 60 Minuten backen.**

6_ Den Kuchen 10 Minuten in der Form auf einem Kuchenrost stehen lassen. Dann den Kuchen aus der Form lösen, auf einen Kuchenrost stürzen und erkalten lassen.

7_ Für den Guss Puderzucker und Zitronensaft zu einer dickflüssigen Masse verrühren. Den Kuchen mit dem Guss überziehen, fest werden lassen.

Tipp: Ohne Guss lässt sich der Kuchen gut einfrieren. Auch zum Vorbereiten ist er sehr gut geeignet. 1–2 Tage vorher gebacken und verpackt, kann er noch durchziehen.

Pro Stück: E: 6 g, F: 13 g, Kh: 22 g, kJ: 975, kcal: 233

Kirschkuchen

12 Stücke – Für Kinder – Titelrezept

Zum Vorbereiten:
125 g Butter oder Margarine

Für den Belag:
350 g Kirschen (aus dem Glas)

Für den All-in-Teig:
250 g Weizenmehl
3 gestr. TL Dr. Oetker Backin
150 g Puderzucker
1 Pck. Dr. Oetker Bourbon-Vanille-Zucker
1 Prise Salz
4 Eier (Größe M)
200 g Schmand (Sauerrahm)

Zum Bestäuben und Bestreuen:
1 EL Puderzucker
30 g geröstete, gehobelte Mandeln

Zubereitungszeit: **20 Minuten, ohne Abkühlzeit**
Backzeit: **40–45 Minuten**

1_ Zum Vorbereiten Butter oder Margarine in einem Topf bei schwacher Hitze zerlassen und etwas abkühlen lassen. Kirschen auf einem Sieb abtropfen lassen.

2_ Den Backofen vorheizen.
Ober-/Unterhitze: etwa 180 °C, Heißluft: etwa 160 °C

3_ Für den Teig Mehl mit Backpulver in einer Rührschüssel mischen. Puderzucker, Vanille-Zucker, Salz, Eier, Schmand und zerlassene Butter oder Margarine hinzufügen, mit Handrührgerät mit Rührbesen auf höchster Stufe in 1 Minute zu einem glatten Teig verarbeiten.

4_ Den Teig in eine Springform (Ø 26 cm, Boden gefettet) füllen und verstreichen. Kirschen auf dem Teig verteilen, dabei am Rand etwa 1 cm frei lassen. Die Form auf dem Rost im unteren Drittel in den vorgeheizten Backofen schieben. Den Kuchen **40–45 Minuten backen.**

5_ Die Form etwa 10 Minuten auf einen Kuchenrost stellen. Den Kuchen mit einem Messer aus der Form lösen und auf einem mit Backpapier belegten Kuchenrost etwa 1 Stunde erkalten lassen.

6_ Den Kuchen mit Puderzucker bestäuben und mit Mandeln bestreuen.

Tipp: Den Kirschkuchen mit 200 g geschlagener Sahne servieren.

Pro Stück: E: 6 g, F: 16 g, Kh: 36 g, kJ: 1316, kcal: 314

Espresso-Mohn-Kranz

20 Stücke – Gut vorzubereiten

Für den Rührteig:
100 g weiche Butter oder Margarine
150 g Zucker
1 Prise Salz
3 Eier (Größe M)
250 g Magerquark
250 g backfertige Mohnfüllung
2 TL lösliches Espresso- oder Kaffeepulver (in 1 EL heißem Wasser aufgelöst)
275 g Weizenmehl
1 Pck. Dr. Oetker Backin

Für den Guss:
200 g gesiebter Puderzucker
3–4 TL lösliches Espresso- oder Kaffeepulver (in 2–3 EL heißem Wasser aufgelöst)

Zum Bestreuen:
etwa 15 Espressobohnen

Zubereitungszeit: **25 Minuten, ohne Abkühlzeit**
Backzeit: **etwa 45 Minuten**

1_ Den Backofen vorheizen.
Ober-/Unterhitze: etwa 180 °C, Heißluft: etwa 160 °C

2_ Für den Teig Butter oder Margarine mit Handrührgerät mit Rührbesen auf höchster Stufe geschmeidig rühren. Nach und nach Zucker und Salz unterrühren. So lange rühren, bis eine gebundene Masse entstanden ist.

3_ Jedes Ei etwa ½ Minute unterrühren. Quark, Mohnfüllung und Espresso- oder Kaffeeflüssigkeit hinzugeben. Mehl mit Backpulver mischen und in 2 Portionen auf mittlerer Stufe unterrühren.

4_ Den Teig in eine Napfkuchen- oder Gugelhupfform (Ø 22 cm, gefettet, bemehlt) geben und glatt streichen. Die Form auf dem Rost im unteren Drittel in den vorgeheizten Backofen schieben.
Den Kranz **etwa 45 Minuten backen.**

5_ Den Kuchen etwa 10 Minuten in der Form abkühlen lassen, dann aus der Form lösen und auf einen Kuchenrost stürzen. Den Kuchen erkalten lassen.

6_ Für den Guss Puderzucker und aufgelöstes Espressopulver zu einem dickflüssigen Guss verrühren. Den Kuchen mit dem Guss überziehen. Espressobohnen hacken und sofort auf den feuchten Guss streuen. Guss fest werden lassen.

Pro Stück: E: 5 g, F: 7 g, Kh: 33 g, kJ: 912, kcal: 218

Bananen-Apfel-Kuchen

12 Stücke – Einfach

Für den Teig:
100 g Dinkelgrieß
50 g Maisgrieß (Polenta)
80 g gehackte Haselnusskerne
1 Pck. Dr. Oetker Bourbon-Vanille-Zucker
1–2 TL Dr. Oetker Finesse Geriebene Zitronenschale
80 g zerlassene, abgekühlte Butter
2 EL flüssiger Blütenhonig

2 mittelgroße Bananen
1 EL Zitronensaft
2 mittelgroße, säuerliche Äpfel, z. B. Elstar

2 EL Wild-Preiselbeeren

Zubereitungszeit: **20 Minuten, ohne Abkühlzeit**
Backzeit: **35 Minuten**

1_ Den Backofen vorheizen.
Ober-/Unterhitze: etwa 180 °C, Heißluft: etwa 160 °C

2_ Für den Teig Dinkel- und Maisgrieß in eine Rührschüssel geben. Haselnusskerne, Vanille-Zucker und Zitronenschale untermischen. Butter und Honig hinzugeben. Anschließend die Zutaten mit Handrührgerät mit Rührbesen zu Streuseln von gewünschter Größe verarbeiten.

3_ Die Hälfte der Streusel in einer Tarteform (Ø 26 cm, gefettet) verteilen und andrücken. Die Form auf dem Rost in den vorgeheizten Backofen schieben und den Gebäckboden **etwa 15 Minuten vorbacken.**

4_ Bananen schälen, der Länge nach halbieren und in Scheiben schneiden. Bananenscheiben mit Zitronensaft mischen. Die Äpfel waschen, abtrocknen, evtl. mit Schale auf einer Haushaltsreibe grob raspeln.

5_ Die Form auf einen Kuchenrost stellen. Bananenscheiben und Apfelraspel mit der restlichen Streuselmasse vermengen und auf den vorgebackenen, heißen Gebäckboden geben.

6_ Die Form wieder auf dem Rost in den heißen Backofen schieben. Den Kuchen **bei gleicher Backofeneinstellung in etwa 20 Minuten fertig backen.**

7_ Die Form auf einen Kuchenrost stellen, den Kuchen etwas abkühlen lassen. Die Preiselbeeren in Klecksen auf dem warmen Kuchen verteilen. Den Kuchen erkalten lassen.

Pro Stück: E: 1 g, F: 10 g, Kh: 20 g, kJ: 782, kcal: 186

Heidelbeertarte

12 Stücke – Einfach

Für den Belag:
300 g TK-Heidelbeeren
oder 2 Gläser Heidelbeeren
(Abtropfgewicht je 125 g)

Für den All-in-Teig:
250 g Weizenmehl
2 gestr. TL Dr. Oetker Backin
120 g brauner Zucker
(Kandisfarin)
1 Pck. Dr. Oetker Bourbon-Vanille-Zucker
1 Prise Salz
1 Pck. Dr. Oetker Finesse Natürliches Orangenschalen-Aroma
125 g weiche Butter
oder Margarine
3 Eier (Größe M)
4 EL Milch

Zum Bestreichen:
2 EL bittere Orangenmarmelade
1 EL Wasser

Zubereitungszeit: **25 Minuten, ohne Abkühlzeit**
Backzeit: **etwa 35 Minuten**

1_ Für den Belag die Heidelbeeren aus dem Glas auf einem Sieb gut abtropfen lassen.

2_ Den Backofen vorheizen.
Ober-/Unterhitze: etwa 180 °C, Heißluft: etwa 160 °C

3_ Für den Teig Mehl und Backpulver in einer Rührschüssel mischen. Braunen Zucker, Vanille-Zucker, Salz, Orangenschalen-Aroma, Butter oder Margarine, Eier und die Milch hinzufügen. Die Zutaten mit Handrührgerät mit Rührbesen zunächst kurz auf niedrigster, dann auf höchster Stufe in etwa 2 Minuten zu einem glatten Teig verarbeiten.

4_ Den Teig in eine Tarteform (Ø 26–28 cm, gefettet) füllen und glatt streichen. Die gefrorenen Heidelbeeren oder die gut abgetropften Heidelbeeren darauf verteilen. Die Form auf dem Rost in den vorgeheizten Backofen schieben. Die Tarte **etwa 35 Minuten backen.**

5_ Die Form auf einen Kuchenrost stellen und die Tarte erkalten lassen.

6_ Orangenmarmelade und Wasser unter Rühren kräftig aufkochen lassen. Die Marmelade auf die Beeren streichen und abkühlen lassen.

Tipp: Servieren Sie die Tarte mit einer Eierlikör-Sahne. Dafür unter 250 g steif geschlagene Sahne 2–3 Esslöffel Eierlikör rühren. Oder Vanilleeis zur lauwarmen Tarte servieren.

Pro Stück: E: 4 g, F: 11 g, Kh: 31 g, kJ: 1024, kcal: 245

Nasser Apfelkuchen mit Zitronenguss

12 Stücke – Raffiniert – mit Alkohol

Für den Rührteig:
200 g weiche Butter
oder Margarine
150 g gesiebter Puderzucker
1 Pck. Dr. Oetker Vanillin-Zucker
1 Pck. Dr. Oetker Finesse
Geriebene Zitronenschale
1 TL gemahlener Zimt
2 EL Marsala
4 Eier (Größe M)
200 g Weizenmehl
2 gestr. TL Dr. Oetker Backin
750 g Äpfel

Zum Aprikotieren:
2 EL Aprikosenkonfitüre
2 EL Wasser

Für den Guss:
50 g gesiebter Puderzucker
2 EL Zitronensaft

Zubereitungszeit: **30 Minuten**
Backzeit: **etwa 40 Minuten**

1_ Den Backofen vorheizen.
Ober-/Unterhitze: etwa 180 °C, Heißluft: etwa 160 °C

2_ Für den Teig Butter oder Margarine mit Handrührgerät mit Rührbesen auf höchster Stufe geschmeidig rühren. Nach und nach Puderzucker, Vanillin-Zucker, Zitronenschale, Zimt und Marsala unterrühren. So lange rühren, bis eine gebundene Masse entstanden ist.

3_ Jedes Ei etwa 1/2 Minute unterrühren. Mehl mit Backpulver mischen und in 2 Portionen auf mittlerer Stufe unterrühren.

4_ Äpfel schälen, vierteln, entkernen und in kleine Stücke schneiden. Apfelstücke unter den Teig heben. Den Teig in eine Springform (Ø 26 cm, Boden gefettet) geben und glatt streichen. Die Form auf dem Rost in den vorgeheizten Backofen schieben.
Den Apfelkuchen **etwa 40 Minuten backen.**

5_ Die Springform auf einen Kuchenrost stellen. Zum Aprikotieren Konfitüre durch ein Sieb streichen und mit Wasser unter Rühren aufkochen lassen. Den heißen Kuchen sofort damit bestreichen.

6_ Für den Guss den Puderzucker mit Zitronensaft zu einer dickflüssigen Masse verrühren. Den Kuchen damit bestreichen, aus der Form lösen und auf einem Kuchenrost erkalten lassen.

Pro Stück: E: 4 g, F: 16 g, Kh: 39 g, kJ: 1361, kcal: 325

Baiser-Wolken-Torte

12 Stücke – Raffiniert

Für den Biskuitteig:
2 Eier (Größe M)
75 g Zucker
1 Pck. Dr. Oetker Vanillin-Zucker
1 Prise Salz
75 g Weizenmehl
1 gestr. TL Dr. Oetker Backin

300 g Himbeeren

Für die Creme:
250 g Mascarpone (ital. Frischkäse)
250 g Schlagsahne
1 Pck. Dr. Oetker Sahnesteif
1 Pck. Dr. Oetker Finesse Geriebene Zitronenschale
2–3 EL Zitronensaft
75 g Puderzucker
500 g Magerquark

Außerdem:
2 EL Himbeerkonfitüre
75 g Baiserschalen
evtl. 1 TL Kakaopulver

Zubereitungszeit: **30 Minuten**
Backzeit: **etwa 25 Minuten**

1_ Den Backofen vorheizen.
Ober-/Unterhitze: etwa 180 °C, Heißluft: etwa 160 °C

2_ Für den Teig Eier mit Handrührgerät mit Rührbesen auf höchster Stufe in 1 Minute schaumig schlagen. Zucker mit Vanillin-Zucker und Salz mischen, in 1 Minute unter Rühren einstreuen, dann noch 2 Minuten weiterschlagen.

3_ Mehl mit Backpulver mischen, auf die Eiercreme geben und kurz auf niedrigster Stufe unterrühren. Den Teig in eine Springform (Ø 26 cm, Boden gefettet, mit Backpapier belegt) geben und verstreichen. Die Form auf dem Rost im unteren Drittel in den vorgeheizten Backofen schieben. Den Boden **etwa 25 Minuten backen.**

4_ Boden aus der Form lösen, auf einen mit Backpapier belegten Kuchenrost stürzen und erkalten lassen. Das Backpapier abziehen und den Boden auf eine Tortenplatte legen. Dann den gesäuberten Springformrand oder einen Tortenring darumlegen. Himbeeren verlesen.

5_ Für die Creme Mascarpone mit Sahne und Sahnesteif in einem Rührbecher kurz steif schlagen. Zitronenschale, -saft und Puderzucker dazugeben und unterrühren. Den Quark ebenfalls in 2 Portionen unterrühren.

6_ Den Tortenboden mit glatt gerührter Konfitüre bestreichen. Die Hälfte der Mascarponecreme auf dem Boden verstreichen, Himbeeren darauf verteilen. Restliche Creme aufstreichen. Die Torte bis zum Servieren kalt stellen.

7_ Vor dem Servieren Baiser in einen großen Gefrierbeutel geben und mit den Handballen grob zerdrücken. Springformrand oder Tortenring entfernen. Die Torte mit dem Baiser umhüllen und evtl. fein mit Kakao bestäuben.

Tipp: Der Boden ist ohne Belag gefriergeeignet.
Statt Himbeeren können Sie auch Erdbeeren, gut abgetropfte Kirschen aus dem Glas oder eine fertig gekaufte Fruchtgrütze (aus dem Kühlregal) verwenden.
Bei der Verwendung von TK-Himbeeren diese auf einem mit zwei Lagen Küchenpapier belegten Teller verteilen und in der Mikrowelle antauen lassen.

Pro Stück: E: 9 g, F: 16 g, Kh: 31 g, kJ: 1331, kcal: 318

Double-Chocolate-Torte

10 Stücke – Mit Alkohol

Für die Creme:
250 g weiche Butter (Zimmertemperatur)
1 Pck. Dr. Oetker Vanillin-Zucker
1 TL Kakaopulver
500 g fertiger Schokoladenpudding (Zimmertemperatur)

Außerdem:
etwa 90 g Löffelbiskuits
3 EL Schoko- oder Mandellikör
225 g Schoko-Brownie-Cookies (Schokokekse mit Schokostückchen)

Zubereitungszeit: **20 Minuten**

1_ Für die Creme Butter mit Vanillin-Zucker und Kakao in eine Rührschüssel geben und mit Handrührgerät mit Rührbesen hellcremig aufschlagen. Pudding esslöffelweise unterrühren.

2_ Einen Tortenring auf etwa 20 cm Durchmesser einstellen und auf eine Tortenplatte stellen. Boden mit den Löffelbiskuits auslegen (evtl. zerteilen) und mit dem Likör beträufeln.

3_ Die Hälfte der Schokocreme darauf verteilen und verstreichen. Cookies in einen Gefrierbeutel geben und mit einer Teigrolle zerbröseln. Brösel (1–2 Esslöffel davon zum Garnieren zurücklassen) als Schicht auf der Creme verteilen und etwas andrücken.

4_ Restliche Schokocreme auf den Keksbröseln verteilen und vorsichtig darauf verstreichen. Torte 1–2 Stunden kalt stellen. Kurz vor dem Servieren die Torte mit den restlichen Keksbröseln bestreuen.

Tipp: Beträufeln Sie die Löffelbiskuits mit Orangenlikör statt mit Schoko- oder Mandellikör oder für eine alkoholfreie Variante mit Orangensaft.

Pro Stück: E: 4 g, F: 32 g, Kh: 30 g, kJ: 1837, kcal: 439

Weincreme-Streuseltorte

8–10 Stücke – Mit Alkohol – gut vorzubereiten

Für die Streuselböden:
1 Pck. (400 g) Grundmischung Streuselteig
125 g kalte Butter
1 Ei (Größe M)

Für den Belag:
200 g entsteinte Kirschen (frisch oder TK-Produkt)
1 EL Kirschkonfitüre

Für die Creme:
1 Pck. Fruttina Zitronen-Geschmack (Tortencreme-pulver ohne Kochen)
100 g Zucker
250 ml (¼ l) Weißwein (Zimmertemperatur)
400 g Schlagsahne

Zum Garnieren und Bestäuben:
200 g Schlagsahne
1 Pck. Dr. Oetker Sahnesteif
Puderzucker

Zubereitungszeit: **30 Minuten, ohne Kühlzeit**
Backzeit: **20–25 Minuten**

1_ Den Backofen vorheizen.
Ober-/Unterhitze: etwa 180 °C, Heißluft: etwa 160 °C

2_ Für die Streuselböden Teigmischung aus der Packung mit Butter in kleinen Stücken und Ei in eine Rührschüssel geben. Die Zutaten mit Handrührgerät mit Rührbesen zu Streuseln verarbeiten.

3_ Einen Tortenring auf etwa 20 cm Durchmesser einstellen und so auf ein Backblech (gefettet, mit Backpapier belegt) setzen, dass 2 Böden aus Streuselteig darauf passen. Die Hälfte der Streusel in den Tortenring geben, gleichmäßig auf dem Boden verteilen und leicht andrücken. Tortenring vorsichtig abheben, auf die noch freie Fläche des Backblechs setzen und die restlichen Streusel auf gleiche Weise zu einem zweiten Boden formen. Ring ebenfalls abheben. Das Backblech im unteren Drittel in den vorgeheizten Backofen schieben.
Die Streuselböden **20–25 Minuten goldbraun backen.**

4_ Backblech auf einen Kuchenrost stellen. Einen der Böden noch heiß mit einem scharfen langen Messer in 8–10 Tortenstücke teilen. Boden und Tortenstücke auf dem Backblech erkalten lassen. Den ganzen Boden vorsichtig auf eine Tortenplatte legen. Den Tortenring darumstellen.

5_ Kirschen auf Küchenpapier abtropfen lassen (TK-Kirschen vorher auf Küchenpapier auftauen lassen – geht schnell in der Mikrowelle), dann mit der Konfitüre vermischen und auf dem Boden verteilen, dabei rundherum 1 cm Rand frei lassen.

6_ Für die Creme Cremepulver mit Zucker in einer Rührschüssel mischen. Wein nach und nach mit einem Schneebesen unter Rühren zugießen, dann alles 1 Minute kräftig durchrühren. 400 g Sahne steif schlagen. Sobald die Creme beginnt dicklich zu werden, die Sahne in 2 Portionen mit einem Schneebesen unterheben. Creme auf die Kirschen geben und glatt streichen. Torte 1–2 Stunden kalt stellen.

7_ Tortenring lösen und entfernen. Restliche Sahne mit Sahnesteif steif schlagen. Sahne in einen Spritzbeutel mit Lochtülle füllen und 8–10 Tuffs auf den oberen Tortenrand spritzen. Streusel-Tortenstücke schräg aufsetzen und üppig mit Puderzucker bestäuben.

Tipp: Wenn Kinder mit am Kaffeetisch sitzen, die Creme ohne Alkohol zubereiten. Dafür 75 g Zucker mit Cremepulver mischen, 200 ml Orangen- oder Multivitaminsaft mit 50 ml heißem Wasser mischen und mit dem Tortenpulver verquirlen. Dann wie unter Punkt 5 beschrieben weiter verfahren.

Pro Stück: E: 5 g, F: 33 g, Kh: 58 g, kJ: 2429, kcal: 578

Orangen-Minz-Torte

12 Stücke – Einfach

Für den Schüttelteig:
125 g Butter oder Margarine
120 g Weizenmehl
3 gestr. TL Dr. Oetker Backin
2 gestr. EL Kakaopulver
150 g Zucker
1 Pck. Dr. Oetker Bourbon-Vanille-Zucker
½ Pck. Dr. Oetker Finesse Natürliches Orangenschalen-Aroma
2 Eier (Größe M)
100 ml Orangensaft

Für den Belag:
100 g Orangenmarmelade
125 g Mascarpone (ital. Frischkäse)
300 g Schlagsahne
4 EL Puderzucker
einige Tropfen Minzöl (aus der Apotheke)

Zum Bestreuen und Garnieren:
½ Pck. Dr. Oetker Finesse Natürliches Orangenschalen-Aroma
einige Minzeblätter

Zubereitungszeit: **20 Minuten**
Backzeit: **25–30 Minuten**

1_ Für den Teig Butter oder Margarine zerlassen und abkühlen lassen. Den Backofen vorheizen.
Ober-/Unterhitze: etwa 180 °C, Heißluft: etwa 160 °C

2_ Mehl mit Backpulver und Kakaopulver mischen, in eine verschließbare Schüssel (etwa 3 l) geben und mit Zucker, Vanille-Zucker und Orangenschalen-Aroma mischen. Eier, Orangensaft und flüssige Butter oder Margarine hinzufügen und die Schüssel mit dem Deckel fest verschließen.

3_ Die Schüssel mehrmals kräftig schütteln (insgesamt 15–30 Sekunden), sodass alle Zutaten gut vermischt sind. Alles mit einem Schneebesen oder Rührlöffel nochmals sorgfältig durchrühren, damit trockene Zutaten vom Rand mit untergerührt werden. Den Teig in eine Springform (Ø 26 cm, gefettet) geben und glatt streichen. Die Form auf dem Rost in den vorgeheizten Backofen schieben.
Den Boden **25–30 Minuten backen.**

4_ Die Form auf einen Kuchenrost stellen. Orangenmarmelade glatt rühren und auf das heiße Gebäck streichen. Das Gebäck in der Form erkalten lassen. Dann den Boden aus der Form lösen und auf eine Tortenplatte legen.

5_ Mascarpone mit Sahne und Puderzucker in einen hohen Rührbecher geben, mit Handrührgerät mit Rührbesen zu einer steifen Creme schlagen und mit etwas Minzöl abschmecken.

6_ Die Minzcreme mit einem Esslöffel wellenförmig auf dem Gebäck verteilen. Die Torte bis zum Servieren kalt stellen. Vor dem Servieren die Oberfläche mit Orangenschalen-Aroma bestreuen und mit Minzeblättern garnieren.

Tipp: Die Torte ist gefriergeeignet.

Pro Stück: E: 3 g, F: 22 g, Kh: 31 g, kJ: 1453, kcal: 347

Joghurt-Erdbeer-Torte

12 Stücke – Bei Kindern beliebt

Für den Teig:
150 g Joghurt
2 Eier (Größe M)
150 ml Speiseöl,
z. B. Sonnenblumenöl
2 EL Zitronensaft
150 g Zucker
2 Pck. Dr. Oetker Vanillin-Zucker
200 g Weizenmehl
3 gestr. TL Dr. Oetker Backin

Für den Belag:
400 g Schlagsahne
2–3 Pck. Dr. Oetker Sahnesteif
300 g Erdbeer-Sahne-Joghurt
200 g Erdbeeren

Zubereitungszeit: **15 Minuten, ohne Abkühlzeit**
Backzeit: **etwa 30 Minuten**

1_ Den Backofen vorheizen.
Ober-/Unterhitze: etwa 180 °C, Heißluft: etwa 160 °C

2_ Für den Teig Joghurt, Eier, Öl, Zitronensaft, Zucker und Vanillin-Zucker in eine Rührschüssel geben und mit Handrührgerät mit Rührbesen gut verrühren. Mehl mit Backpulver vermischen und kurz unterrühren.

3_ Den Teig in eine Springform (Ø 26 cm, Boden gefettet) füllen und glatt streichen. Die Springform auf dem Rost im unteren Drittel in den vorgeheizten Backofen schieben.
Den Tortenboden **etwa 30 Minuten backen.**

4_ Nach dem Backen den Springformrand lösen und entfernen.
Den Tortenboden mit dem Springformboden auf einen Kuchenrost stellen. Den Tortenboden erkalten lassen.

5_ Dann den Tortenboden vom Springformboden lösen und auf eine Tortenplatte legen.

6_ Für den Belag Sahne mit Sahnesteif steif schlagen. Joghurt unterheben. Creme in einen großen Gefrierbeutel füllen, eine größere Spitze abschneiden und große Tuffs auf den Tortenboden spritzen.

7_ Die Erdbeeren kurz abspülen, putzen, trocken tupfen und vierteln.
Die Torte mit den Erdbeervierteln garnieren und bis zum Servieren im Kühlschrank kalt stellen.

Tipp: Der Tortenboden kann bereits am Vortag gebacken werden.

Pro Stück: E: 5 g, F: 27 g, Kh: 33 g, kJ: 1661, kcal: 397

Schokomousse-Kirschtorte

12 Stücke – Raffiniert – gut vorzubereiten

Zum Vorbereiten:
400 g Schlagsahne
100 g Zartbitter-Schokolade
350 g Kirschen (aus dem Glas)
oder 350–400 g frische, entsteinte Kirschen

Für den All-in-Teig:
125 g Weizenmehl
2 gestr. TL Dr. Oetker Backin
125 g Zucker
1 Pck. Dr. Oetker Vanillin-Zucker
1 Prise Salz
½ Pck. Dr. Oetker Finesse Geriebene Zitronenschale
125 g weiche Butter oder Margarine
2 Eier (Größe M)

Für die Schokosahne:
40 g Puderzucker
1 Pck. Dr. Oetker Sahnesteif

Zum Bestäuben:
1 TL Kakaopulver

Zubereitungszeit: **30 Minuten, ohne Kühlzeit**
Backzeit: **35–40 Minuten**

1_ Zum Vorbereiten für die Schokosahne die Hälfte der Sahne in einem Topf erhitzen, aber nicht kochen lassen. Topf von der Kochstelle nehmen. Schokolade in Stücke brechen und darin unter Rühren schmelzen. Mischung mit einem Schneebesen so lange rühren, bis eine glatte Flüssigkeit entstanden ist.

2_ Restliche kalte Sahne unterrühren. Mischung in einen hohen Rührbecher füllen und zugedeckt mindestens 2 Stunden kalt stellen. Inzwischen Kirschen aus dem Glas auf einem Sieb abtropfen lassen. Den Backofen vorheizen.
Ober-/Unterhitze: etwa 180 °C, Heißluft: etwa 160 °C

3_ Für den Teig Mehl mit Backpulver in einer Rührschüssel mischen. Restliche Teigzutaten hinzufügen und alles mit Handrührgerät mit Rührbesen erst kurz auf niedrigster Stufe, dann auf höchster Stufe in etwa 2 Minuten zu einem glatten Teig verarbeiten.

4_ Den Teig in eine Springform (Ø 26 cm, Boden gefettet, mit Backpapier belegt) geben und glatt streichen. Kirschen darauf verteilen. Die Form auf dem Rost im unteren Drittel in den vorgeheizten Backofen schieben. Den Boden **35–40 Minuten backen.**

5_ Den Boden aus der Form lösen und auf einem Kuchenrost erkalten lassen. Anschließend mitgebackenes Backpapier entfernen.

6_ Schokosahne mit Handrührgerät mit Rührbesen kurz anschlagen, dann Puderzucker und Sahnesteif einstreuen und die Sahne vollständig steif schlagen. Sahne portionsweise in einen Spritzbeutel mit großer Lochtülle füllen und unterschiedlich dicke Tupfen auf die Torte setzen. Torte bis zum Servieren kalt stellen. Vor dem Servieren die Torte mit Kakaopulver bestäuben.

Tipp: Die Torte ist gefriergeeignet.
Die leckere Schokomousse ist schnell zubereitet, muss aber vor dem Aufschlagen gut durchkühlen.
Noch schneller geht es ohne selbst gebackenen Boden: Einen fertigen Obsttortenboden mit abgetropften Kirschen aus dem Glas belegen, mit der aufgeschlagenen Creme bespritzen und geröstete Mandeln darüberstreuen.

Pro Stück: E: 4 g, F: 23 g, Kh: 33 g, kJ: 1509, kcal: 360

Johannisbeertorte mit Mohncreme

12 Stücke – Raffiniert

Zum Vorbereiten:
400 g Johannisbeeren
(frisch oder TK)

Für den All-in-Teig:
125 g Weizenmehl
1 Prise Salz
2 gestr. TL Dr. Oetker Backin
125 g Zucker
1 Pck. Dr. Oetker Vanillin-Zucker
½ Pck. Dr. Oetker Finesse
Geriebene Zitronenschale
125 g weiche Butter
oder Margarine
2 Eier (Größe M)

Für die Creme:
175 g Doppelrahm-Frischkäse
½ Pck. Dr. Oetker Finesse
Geriebene Zitronenschale
2–3 EL Zitronensaft
½ Pck. (125 g) Mohnback
200 g Schlagsahne
1 Pck. Dr. Oetker Sahnesteif
2 EL Puderzucker

Zubereitungszeit: **30 Minuten**
Backzeit: **etwa 40 Minuten**

1_ Zum Vorbereiten Johannisbeeren abspülen, abtropfen lassen und von den Rispen streifen. TK-Beeren auf mehreren Lagen Küchenpapier ausbreiten und (evtl. in der Mikrowelle) antauen lassen. Den Backofen vorheizen.
Ober-/Unterhitze: etwa 180 °C, Heißluft: etwa 160 °C

2_ Für den Teig Mehl mit Salz und Backpulver in einer Rührschüssel mischen. Restliche Teigzutaten hinzufügen und alles mit Handrührgerät mit Rührbesen erst kurz auf niedrigster, dann auf höchster Stufe in etwa 2 Minuten zu einem glatten Teig verarbeiten. 200 g der Johannisbeeren unterheben.

3_ Den Teig in eine Springform (Ø 26 cm, Boden gefettet, mit Backpapier belegt) geben und glatt streichen. Die Form auf dem Rost im unteren Drittel in den vorgeheizten Backofen schieben.
Den Boden **etwa 40 Minuten backen.**

4_ Den Boden aus der Form lösen und auf einem Kuchenrost erkalten lassen. Anschließend Backpapier entfernen und den Boden auf eine Tortenplatte legen.

5_ Für die Creme Frischkäse mit Zitronenschale und -saft in eine Rührschüssel geben und mit Handrührgerät mit Rührbesen erst auf niedrigster Stufe glatt rühren. Dann die Masse auf höchster Stufe cremig aufschlagen. Mohnback kurz unterrühren.

6_ Sahne mit Sahnesteif und Puderzucker steif schlagen. Sahne in 2 Portionen unter die Mohncreme heben. Mohncreme auf dem Boden verstreichen und die Oberfläche der Torte mit den restlichen Johannisbeeren garnieren. Torte bis zum Servieren kalt stellen.

Tipp: Der Boden ist gefriergeeignet.

Pro Stück: E: 5 g, F: 21 g, Kh: 28 g, kJ: 1372, kcal: 328

Banana-Split-Torte

12 Stücke – Für Kinder – einfach

Für den All-in-Teig:
100 g Weizenmehl
2 gestr. TL Dr. Oetker Backin
100 g gemahlene Haselnusskerne
150 g Zucker
1 Pck. Dr. Oetker Vanillin-Zucker
4 Eier (Größe M)
150 g weiche Butter oder Margarine

Für den Belag:
6 Blatt weiße Gelatine
2 Bananen
300 ml Bananen-Milchmischgetränk
500 g Schlagsahne
1 Pck. Vanillin-Zucker
50 g Zartbitter-Raspelschokolade

Zum Garnieren:
Gelee-Bananen

Zubereitungszeit: **30 Minuten, ohne Kühlzeit**
Backzeit: **etwa 25 Minuten**

1_ Den Backofen vorheizen.
Ober-/Unterhitze: etwa 180 °C, Heißluft: etwa 160 °C

2_ Für den Teig Mehl mit Backpulver in einer Rührschüssel mischen. Restliche Zutaten hinzufügen und alles mit Handrührgerät mit Rührbesen auf höchster Stufe in etwa 2 Minuten zu einem glatten Teig verarbeiten. Teig in eine Springform (Ø 26 cm, Boden gefettet) füllen und glatt streichen. Die Form auf dem Rost in den vorgeheizten Backofen schieben. Den Boden **etwa 25 Minuten backen.**

3_ Den Boden aus der Springform lösen und auf einem Kuchenrost erkalten lassen.

4_ Für den Belag Gelatine nach Packungsanleitung einweichen. Den Boden auf eine Tortenplatte legen und den gesäuberten Springformrand oder einen Tortenring darumstellen. Bananen schälen, in etwa 1 cm dicke Scheiben schneiden und auf dem Tortenboden verteilen, den Rand dabei frei lassen.

5_ Gelatine leicht ausdrücken und bei schwacher Hitze auflösen. Nach und nach Milchmischgetränk unterrühren. Mischung kalt stellen. Sahne mit Vanillin-Zucker steif schlagen. Ein Viertel davon in einen Spritzbeutel mit Lochtülle füllen. Die restliche Sahne mit der Raspelschokolade unter die Bananenmilch-Gelatine-Mischung heben. Die Creme auf die Bananen geben und glatt streichen.

6_ Die Oberfläche der Torte mit der Sahne aus dem Spritzbeutel verzieren. Die Torte mindestens 2 Stunden kalt stellen. Kurz vor dem Servieren Springformrand oder Tortenring lösen und entfernen. Die Torte mit Gelee-Bananen garnieren.

Tipp: Der Boden ist gefriergeeignet.

Pro Stück: E: 7 g, F: 32 g, Kh: 39 g, kJ: 2004, kcal: 479

Pflaumenmus-Nuss-Torte

12 Stücke – Einfach

Für die Creme:
1 Pck. Dr. Oetker Sahnesteif
50 g Zucker
1 Pck. Dr. Oetker Vanillin-Zucker
750 g Schlagsahne
125 g gemahlene Walnusskerne oder Haselnusskerne

Zum Bestreichen:
225 g Pflaumenmus

3 Lagen von einem hellen Biskuitboden (Ø etwa 26 cm)

Nach Belieben zum Garnieren:
Walnuss- oder Haselnusskerne
Kakaopulver
Raspelschokolade oder fertige Schokosauce

Zubereitungszeit: **20 Minuten**

1_ Für die Creme Sahnesteif mit Zucker und Vanillin-Zucker mischen. Sahne in eine Rührschüssel geben und mit Handrührgerät mit Rührbesen steif schlagen, dabei die Sahnesteif-Zucker-Mischung nach und nach einrieseln lassen.

2_ Von der Sahne etwa 3 Esslöffel abnehmen, in einen Spritzbeutel mit Sterntülle füllen und kalt stellen. Nusskerne unter die restliche Sahne heben.

3_ Pflaumenmus durchrühren. Den untersten und mittleren Biskuitboden mit dem Pflaumenmus bestreichen, dabei etwas Rand frei lassen. Einen bestrichenen Boden auf eine Tortenplatte legen.

4_ Ein Drittel der Nuss-Sahne auf den unteren Boden streichen und den zweiten bestrichenen Boden darauflegen. Die Hälfte der restlichen Nuss-Sahne darauf verstreichen und den oberen unbestrichenen Boden auflegen.

5_ Boden leicht andrücken und die Torte rundherum mit der übrigen Nuss-Sahne bestreichen. Sahne aus dem Spritzbeutel in Tuffs daraufspritzen. Die Torte mit Nusskernen und Kakaopulver oder Raspelschokolade (Schokosauce) garnieren.

Tipp: Mit einer fertig gekauften, bereits ausgerollten Marzipandecke können Sie die Torte auch blitzschnell überziehen.
Noch aromatischer wird die Sahne, wenn Sie die Nusskerne zuvor kurz in einer Pfanne ohne Fett anrösten. Die Nusskerne gut auf einem Teller abkühlen lassen und anschließend unter die Sahne heben.

Pro Stück: E: 5 g, F: 29 g, Kh: 40 g, kJ: 1876, kcal: 448

Exotik-Torte

12 Stücke – Raffiniert

Für den All-in-Teig:
100 g Weizenmehl
40 g Kokosraspel
1 Prise Salz
2 gestr. TL Dr. Oetker Backin
125 g Zucker
1 Pck. Dr. Oetker Vanillin-Zucker
½ Pck. Dr. Oetker Finesse Geriebene Zitronenschale
125 g weiche Butter oder Margarine
2 Eier (Größe M)

Für die Creme:
3 Maracujas
375 g Mascarpone (ital. Frischkäse)
100 g Schlagsahne
50 g Puderzucker
50 ml Saft und fein abgeriebene Schale von 1 Bio-Limette oder Bio-Zitrone (unbehandelt, ungewachst)
1 Pck. Dr. Oetker Sahnesteif
200 g Magerquark

Zum Garnieren:
frische Früchte (z. B. Physalis, unbehandelte Mandarinen in Spalten, Granatapfelkerne, Limettenzesten, Kokos-Chips)

Zubereitungszeit: **20 Minuten, ohne Kühlzeit**
Backzeit: **25–30 Minuten**

1_ Den Backofen vorheizen.
Ober-/Unterhitze: etwa 180 °C, Heißluft: etwa 160 °C

2_ Für den Teig Mehl mit Kokosraspeln, Salz und Backpulver in einer Rührschüssel mischen. Restliche Teigzutaten hinzufügen und mit Handrührgerät mit Rührbesen erst kurz auf niedrigster, dann auf höchster Stufe in 2 Minuten zu einem glatten Teig verarbeiten.

3_ Den Teig in eine Springform (Ø 26 cm, Boden gefettet, mit Backpapier belegt) geben, verstreichen und die Form auf dem Rost im unteren Drittel in den vorgeheizten Backofen schieben.
Den Boden **25–30 Minuten backen.**

4_ Den Boden aus der Form lösen und auf einem Kuchenrost erkalten lassen.

5_ Für die Creme Maracujas halbieren, Fruchtmark mit einem Teelöffel herausschaben, durch ein feines Sieb streichen und dabei den Saft auffangen.

6_ Mascarpone mit Sahne, Puderzucker, Limetten- oder Zitronensaft und -schale in eine Rührschüssel geben und mit Handrührgerät mit Rührbesen erst kurz auf niedrigster Stufe verrühren. Dann die Mischung auf höchster Stufe cremig aufschlagen, Sahnesteif dabei einrieseln lassen. Quark in 2 Portionen unterrühren, dann den Maracujasaft unterrühren.

7_ Das Backpapier vom Boden entfernen. Boden auf eine Tortenplatte legen und die Creme darauf verstreichen. Torte bis zum Servieren kalt stellen. Vor dem Servieren die Torte mit Früchten, z. B. Physalis ohne Haut, Mandarinenspalten, Granatapfelkernen und Limettenzesten oder Kokos-Chips garnieren.

Tipp: Die Torte ist ohne Garnierung gefriergeeignet.
Noch schneller ist die Creme zubereitet, wenn Sie Mascarpone, Sahne, Zitronenschale und -saft mit nur der Hälfte des Puderzuckers aufschlagen. Dann 200 g Quarkzubereitung aus dem Kühlregal (Maracuja-Geschmack) und 75 ml Maracuja-Nektar unterrühren.

Pro Stück: 6 g, F: 29 g, Kh: 27 g, kJ: 1670, kcal: 399

Café-au-lait-Torte

12 Stücke – Beliebt

Für den Biskuitteig:
2 Eier (Größe M)
75 g Zucker
1 Prise Salz
75 g Weizenmehl
1 gestr. TL gemahlener Zimt
1 gestr. TL Dr. Oetker Backin

Für die Creme:
750 g Schlagsahne
1 Pck. (2 Beutel) Gelatine-Fix
50 g Puderzucker
2–3 TL lösliches Espresso-Pulver
1 TL Puderzucker
1–2 TL heißes Wasser

Zum Garnieren:
75 g Amarettini
(ital. Mandelmakronen)
1 EL Kakaopulver
oder 2 EL Zartbitter-Raspelschokolade

Zubereitungszeit: **30 Minuten**
Backzeit: **20–25 Minuten**

1_ Den Backofen vorheizen.
Ober-/Unterhitze: etwa 180 °C, Heißluft: etwa 160 °C

2_ Für den Teig Eier mit Handrührgerät mit Rührbesen auf höchster Stufe in 1 Minute schaumig schlagen. Zucker und Salz in 1 Minute unter Rühren einstreuen, dann noch 2 Minuten weiterschlagen. Mehl mit Zimt und Backpulver mischen, auf die Eiercreme geben und kurz auf niedrigster Stufe unterrühren.

3_ Den Teig in eine Springform (Ø 26 cm, Boden gefettet, mit Backpapier belegt) geben und verstreichen. Die Form auf dem Rost im unteren Drittel in den vorgeheizten Backofen schieben.
Den Boden **20–25 Minuten backen.**

4_ Boden aus der Form lösen, auf einen mit Backpapier belegten Kuchenrost stürzen und erkalten lassen. Das Backpapier abziehen und den Boden auf eine Kuchenplatte legen. Den gesäuberten Springformrand oder einen Tortenring darumstellen.

5_ Für die Creme Sahne in eine Schüssel geben und mit Handrührgerät mit Rührbesen steif schlagen. Dabei Gelatine-Fix (2 Beutel) unter ständigem Schlagen einrieseln lassen. Zuletzt kurz 50 g Puderzucker unterschlagen. Die Hälfte der Creme auf dem Boden verstreichen.

6_ Espresso-Pulver mit 1 Teelöffel Puderzucker mischen und mit heißem Wasser anrühren. Mischung unter die restliche Sahne ziehen. Creme auf der hellen Sahne verstreichen. Torte etwa 3 Stunden kalt stellen.

7_ Kurz vor dem Servieren Amarettini in einen Gefrierbeutel geben, ihn verschließen und die Amarettini mit einer Teigrolle grob zerbröckeln. Amarettinibrösel über die Torte streuen. Die Torte mit Kakao oder Raspelschokolade garnieren. Springformrand oder Tortenring lösen.

Tipp: Der Boden ist gefriergeeignet.
Wer es etwas fruchtig mag, bestreicht den Boden zuerst mit 2–3 Esslöffeln Kirschkonfitüre oder belegt ihn mit 350 g abgetropften Kirschen aus dem Glas.

Pro Stück: E: 5 g, F: 21 g, Kh: 24 g, kJ: 1315, kcal: 314

Galetta-Erdbeertorte

12 Stücke – Für Gäste

3 Lagen von 1 hellen Wiener Boden (Ø etwa 26 cm)

Für die Füllung:
750 g Erdbeeren
1 Pck. Tortenguss, rot, ungezuckert
2–3 EL Erdbeerkonfitüre
2 Pck. Galetta Vanille-Geschmack (Pudding-Pulver ohne Kochen)
400 ml kalte Milch
400 g Schlagsahne

Zum Bestreichen:
300 g Schlagsahne
1 Pck. Dr. Oetker Sahnesteif
1 Pck. Dr. Oetker Vanillin-Zucker

Zubereitungszeit: **30 Minuten, ohne Kühlzeit**

1_ Einen der Tortenböden auf eine Tortenplatte legen und einen Tortenring oder Springformrand darumstellen.

2_ Für die Füllung Erdbeeren waschen, abtropfen lassen und entstielen. 250 g von den Erdbeeren mit Tortengusspulver und Erdbeerkonfitüre vermischen, pürieren, unter Rühren aufkochen und anschließend abkühlen lassen. Die Masse lauwarm auf den unteren Boden streichen. Weitere 250 g von den Erdbeeren halbieren oder vierteln, darauf verteilen und die Masse erkalten lassen.

3_ Das Pudding-Pulver ohne Kochen nach Packungsanleitung, aber mit den hier angegebenen Mengen Milch und Sahne zubereiten. Knapp die Hälfte der Creme auf den Erdbeeren auf dem unteren Boden verstreichen. Den zweiten Boden darauflegen und mit der restlichen Creme bestreichen. Oberen Boden darauflegen und etwas andrücken. Die Torte etwa 1 Stunde kalt stellen.

4_ Zum Bestreichen Sahne mit Sahnesteif und Vanillin-Zucker steif schlagen. Tortenring oder Springformrand vorsichtig lösen und entfernen. Tortenrand und -oberfläche mit der Sahne bestreichen. Die Oberfläche dabei etwas wellenförmig streichen und mit den restlichen Erdbeeren garnieren. Die Torte nochmals etwa 1 Stunde kalt stellen.

Tipp: Wenn Sie einen Boden selbst backen möchten, so können Sie den Biskuitboden der KiBa-Torte backen (Seite 106). Bereiten Sie diesen mit Pudding-Pulver Vanille-Geschmack zu. Erkalteten Boden zweimal waagerecht durchscheiden.

Pro Stück: E: 5 g, F: 22 g, Kh: 51 g, kJ: 1804, kcal: 447

Birnentorte mit Walnuss-Karamell

12 Stücke – Raffiniert – gut vorzubereiten

Für den All-in-Teig:
125 g Weizenmehl
1 Pck. Dr. Oetker Pudding-Pulver Schokoladen-Geschmack
3 gestr. TL Dr. Oetker Backin
150 g Zucker
1 Pck. Dr. Oetker Vanillin-Zucker
1 Prise Salz
175 g weiche Butter oder Margarine
3 Eier (Größe M)

Für den Belag:
100 g Walnusskernhälften
1 Flasche Karamellsauce (125 ml, von Schwartau)

460 g Birnenhälften (aus der Dose)

Für die Karamell-Schmand-Creme:
400 g Schlagsahne
200 g Schmand (Sauerrahm)
3 Pck. Dr. Oetker Sahnesteif

Zubereitungszeit: **30 Minuten, ohne Kühlzeit**
Backzeit: **etwa 35 Minuten**

1_ Den Backofen vorheizen.
Ober-/Unterhitze: etwa 180 °C, Heißluft: etwa 160 °C

2_ Für den Teig Mehl mit Pudding-Pulver und Backpulver in einer Rührschüssel mischen. Restliche Teigzutaten hinzufügen und alles mit Handrührgerät mit Rührbesen erst kurz auf niedrigster, dann auf höchster Stufe in etwa 2 Minuten zu einem glatten Teig verarbeiten.

3_ Den Teig in eine Springform (Ø 26 cm, Boden gefettet, mit Backpapier belegt) geben und glatt streichen. Nusskerne auf dem Teig verteilen. Die Form auf dem Rost im unteren Drittel in den vorgeheizten Backofen schieben. Den Boden **etwa 35 Minuten backen.**

4_ Sofort nach dem Backen 2–3 Esslöffel von der Karamellsauce über die Nusskerne träufeln. Den Boden aus der Form lösen und auf einem Kuchenrost erkalten lassen. Anschließend mitgebackenes Backpapier entfernen. Den Boden einmal waagerecht durchschneiden.

5_ Unteren Boden auf eine Tortenplatte legen und einen Tortenring oder den gesäuberten Springformrand darumstellen. Birnen auf einem Sieb abtropfen lassen und mit der Rundung nach oben auf dem Boden verteilen.

6_ Für die Karamell-Schmand-Creme Sahne und Schmand mit Handrührgerät mit Rührbesen erst kurz auf niedrigster Stufe verrühren, dann Sahnesteif einstreuen und die Sahnemasse vollständig steif schlagen. Restliche Karamellsauce kurz unterrühren.

7_ Die Karamell-Schmand-Creme auf den Birnen verstreichen.
Oberen Boden am besten bereits in 12 Tortenstücke vorschneiden, dann die Stücke auf die Tortenoberfläche legen und die Torte mindestens 1 Stunde kalt stellen.

8_ Vor dem Servieren den Tortenring oder Springformrand lösen und entfernen.

Tipp: Noch karamelliger wird die Torte, wenn Sie den Boden statt mit Pudding-Pulver Schokoladen-Geschmack mit Pudding-Pulver Karamell-Geschmack backen. Anstelle von Karamellsauce eignet sich aufgrund seines intensiven Geschmacks auch Karamellsirup (Getränkesirup).
Er ist in den Getränkeabteilungen von Supermärkten oder in Coffee-Shops zu bekommen. Auch mit Aprikosenhälften oder Tortenpfirsichen aus der Dose schmeckt die Torte prima.

Pro Stück: E: 6 g, F: 35 g, Kh: 40 g, kJ: 2075, kcal: 496

Rätseltorte

12 Stücke – Mit Alkohol – ohne zu backen

1 Lage von 1 hellen Wiener Boden (Ø etwa 26 cm)

Für die Vanillecreme:
4 Blatt weiße Gelatine
1 Pck. Dr. Oetker Pudding-Pulver Vanille-Geschmack
4 geh. EL Zucker
400 ml Milch
250 g Magerquark
300 g Schlagsahne
2 Pck. Dr. Oetker Sahnesteif

Zum Tränken:
etwa 250 ml (¼ l) Milch
2 EL Rum
200 g Löffelbiskuits

Zum Verzieren und Garnieren:
250 g Schlagsahne
1 Pck. Dr. Oetker Sahnesteif
1 EL Puderzucker
etwa 50 ml Eierlikör
etwa 20 g gehackte Pistazienkerne

Zubereitungszeit: **30 Minuten, ohne Kühlzeit**

1_ Den Biskuitboden auf eine Tortenplatte legen und einen Tortenring darumstellen.

2_ Für die Vanillecreme Gelatine nach Packungsanleitung einweichen. Aus Pudding-Pulver, Zucker und Milch nach Packungsanleitung, aber mit 4 gehäuften Esslöffeln Zucker einen Pudding zubereiten. Gelatine leicht ausdrücken und unter Rühren im heißen Pudding auflösen. Den Pudding erkalten lassen, dabei gelegentlich umrühren. Quark unterrühren.

3_ Sahne mit Sahnesteif steif schlagen und unter den erkalteten Pudding heben. Ein Drittel der Vanillecreme auf dem Boden verstreichen.

4_ Zum Tränken Milch mit Rum verrühren und die Löffelbiskuits kurz darin wenden. Die Hälfte der getränkten Löffelbiskuits auf die Creme legen und mit der Hälfte der restlichen Creme bestreichen. Torte mit den restlichen Löffelbiskuits belegen und mit der restlichen Creme bestreichen. Die Torte etwa 2 Stunden kalt stellen.

5_ Zum Verzieren und Garnieren den Tortenring lösen und entfernen. Sahne mit Sahnesteif und Puderzucker steif schlagen. Sahne in einen Spritzbeutel mit Lochtülle füllen und die Torte damit verzieren. Die Tortenoberfläche mit Eierlikör beträufeln und mit Pistazienkernen garnieren.

Tipp: Verwenden Sie für Kinder zum Tränken nur Milch und zum Verzieren der Torte statt Eierlikör Vanillesauce.
Die restlichen 2 Lagen des Wiener Bodens für eine Torte einfrieren oder für ein Dessert verwenden.

Pro Stück: E: 9 g, F: 18 g, Kh: 37 g, kJ: 1511, kcal: 361

KiBa-Torte

12 Stücke – Für Kinder

Für den Biskuitteig:
4 Eier (Größe M)
2 EL heißes Wasser
150 g Zucker
1 Prise Salz
125 g Weizenmehl
1 gestr. TL Dr. Oetker Backin
1 Pck. Dr. Oetker Pudding-Pulver Schokoladen-Geschmack

Für die Füllung:
3 Pck. Dr. Oetker Sahnesteif
185 g Sauerkirschen (aus dem Glas)
3 Bananen (etwa 450 g, ohne Schale)
3–5 EL Zitronensaft
30 g Puderzucker
250 g Magerquark
125 g Crème double
etwa 3 EL (75 g) Kirsch-Fruchtaufstrich oder -konfitüre

Zum Garnieren:
bunte Zuckerperlen/Zuckerdeko

Zubereitungszeit: **25 Minuten, ohne Kühlzeit**
Backzeit: **30–35 Minuten**

1_ Den Backofen vorheizen.
Ober-/Unterhitze: etwa 180 °C, Heißluft: etwa 160 °C

2_ Für den Teig Eier und Wasser mit Handrührgerät mit Rührbesen auf höchster Stufe in 1 Minute schaumig schlagen. Zucker mit Salz mischen, in 1 Minute unter Rühren einstreuen, dann noch 2 Minuten weiterschlagen.

3_ Mehl mit Backpulver und Pudding-Pulver mischen, auf die Eiercreme geben und kurz auf niedrigster Stufe unterrühren. Den Teig in eine Springform (Ø 26 cm, Boden gefettet, mit Backpapier belegt) geben und verstreichen. Die Form auf dem Rost im unteren Drittel in den vorgeheizten Backofen schieben. Den Boden **30–35 Minuten backen.**

4_ Boden aus der Form lösen, auf einen mit Backpapier belegten Kuchenrost stürzen und erkalten lassen. Das Backpapier abziehen und den Boden auf eine Tortenplatte legen. Boden bis auf einen etwa 1 cm breiten Boden und Rand aushöhlen (Brösel evtl. für ein Dessert verwenden). 1 Päckchen Sahnesteif auf den Boden streuen.

5_ Für die Füllung Kirschen auf einem Sieb abtropfen lassen, dann auf Küchenpapier legen. 1 Banane grob würfeln, mit 2–3 Esslöffeln Zitronensaft, Puderzucker und Quark in einen Rührbecher geben und mit Handrührgerät mit Rührbesen verrühren. Crème double mit zwei Päckchen Sahnesteif steif schlagen. Bananen-Quark-Masse portionsweise unterziehen.

6_ Kirschen mit 2 Esslöffeln Fruchtaufstrich (Konfitüre) mischen. Übrige Bananen längs teilen, im restlichen Zitronensaft wenden und auf den Boden legen. Kirschen in die Zwischenräume füllen. Bananencreme darauf verstreichen (evtl. den oberen Rand des Teiges dünn mit einstreichen). Übrigen Fruchtaufstrich (Konfitüre) glatt rühren oder evtl. leicht erwärmen, auf die Creme träufeln und mit einer Gabel leicht durchziehen (marmorieren). Torte bis zum Servieren kalt stellen.

7_ Vor dem Servieren Zuckerperlen oder Zuckerdeko auf den Rand streuen.

Tipp: Wenn es noch rascher gehen soll, greifen Sie einfach auf einen fertig gekauften Biskuitboden vom Konditor zurück.
Wenn Sie die Brösel mithilfe eines Löffels ausheben, so können Sie evtl. Herzen aus den Stücken ausstechen und später auf die fertige Torte legen.

Pro Stück: E: 6 g, F: 6 g, Kh: 42 g, kJ: 1069, kcal: 256

Cappuccino-Tupfen-Torte

12 Stücke – Einfach

Für den All-in-Teig:
100 g Weizenmehl
25 g Speisestärke
3 gestr. TL Dr. Oetker Backin
125 g Zucker
1 Pck. Dr. Oetker Vanillin-Zucker
1 Prise Salz
125 g weiche Butter
oder Margarine
3 Eier (Größe M)
1 Pck. Dr. Oetker Finesse
Natürliches Orangenschalen-Aroma

Für den Belag:
175 g Mandarinen (aus der Dose)
400 g Schlagsahne
2 Pck. Dr. Oetker Sahnesteif
2 Pck. Vanillin-Zucker
20 g Instant-Cappuccino-Pulver

Zum Garnieren und Bestäuben:
30 g Zartbitter-Schokolade
etwas Kakaopulver

Zubereitungszeit: **30 Minuten, ohne Kühlzeit**
Backzeit: **etwa 30 Minuten**

1_ Den Backofen vorheizen.
Ober-/Unterhitze: etwa 170 °C, Heißluft: etwa 150 °C

2_ Für den Teig Mehl mit Speisestärke und Backpulver in einer Rührschüssel mischen. Restliche Zutaten hinzufügen und alles mit Handrührgerät mit Rührbesen zunächst kurz auf niedrigster, dann auf höchster Stufe in 2 Minuten zu einem glatten Teig verarbeiten.

3_ Den Teig in eine Springform (Ø 26 cm, Boden gefettet, mit Backpapier belegt) füllen und glatt streichen. Die Form auf dem Rost in den vorgeheizten Backofen schieben. Den Boden **etwa 30 Minuten backen.**

4_ Den Boden aus der Form lösen, auf einen mit Backpapier belegten Kuchenrost stürzen und erkalten lassen. Anschließend mitgebackenes Backpapier abziehen.

5_ Für den Belag Mandarinen auf einem Sieb gut abtropfen lassen. Sahne zunächst 1 Minute schlagen. Sahnesteif mit Vanillin-Zucker und Cappuccino-Pulver mischen, dazugeben und die Sahne steif schlagen.

6_ Die Cappuccino-Sahne in einen Spritzbeutel mit einer großen Lochtülle füllen und Tupfen kreisförmig dicht auf den Boden spritzen. Die Mandarinen darauf verteilen und die Torte etwa 30 Minuten kalt stellen.

7_ Inzwischen die Schokolade in Stücke brechen und in einem kleinen Topf im Wasserbad unter Rühren schmelzen. Die Schokolade in einen kleinen Gefrierbeutel füllen und eine kleine Ecke abschneiden. Die Torte mit der Schokolade verzieren (oder die Schokolade mit einem Teelöffel auf die Torte sprenkeln). Die Torte kurz vor dem Servieren mit Kakaopulver bestäuben.

Tipp: Den Boden nach Belieben mit etwas in heißem Wasser angerührtem Cappuccino-Pulver tränken.

Pro Stück: E: 4 g, F: 22 g, Kh: 28 g, kJ: 1363, kcal: 326

Schoko-Minz-Torte

12 Stücke – Raffiniert – gut vorzubereiten

Für den All-in-Teig:
80 g Weizenmehl
1 Pck. Dr. Oetker Pudding-Pulver Schokolade-Geschmack
1 gestr. TL Dr. Oetker Backin
120 g Zucker
1 Pck. Dr. Oetker Vanillin-Zucker
1 Prise Salz
125 g weiche Butter oder Margarine
2 Eier (Größe M)
2 EL Milch

Für die Schoko-Minz-Creme:
500 g Schlagsahne
200 g Schmand (Sauerrahm)
30 g Zucker
3 Pck. Dr. Oetker Sahnesteif
evtl. grüne Speisefarbe

200 g Schoko-Minz-Täfelchen

Zubereitungszeit: **25 Minuten, ohne Kühlzeit**
Backzeit: **25–30 Minuten**

1_ Den Backofen vorheizen.
Ober-/Unterhitze: etwa 180 °C, Heißluft: etwa 160 °C

2_ Für den Teig Mehl mit Pudding-Pulver und Backpulver in einer Rührschüssel mischen. Restliche Teigzutaten hinzufügen und mit Handrührgerät mit Rührbesen erst kurz auf niedrigster Stufe, dann auf höchster Stufe in etwa 2 Minuten zu einem glatten Teig verarbeiten.

3_ Den Teig in eine Springform (Ø 26 cm, Boden gefettet, mit Backpapier belegt) geben und glatt streichen. Die Form auf dem Rost im unteren Drittel in den vorgeheizten Backofen schieben.
Den Boden **25–30 Minuten backen.**

4_ Den Boden aus der Form lösen und auf einem Kuchenrost erkalten lassen. Anschließend mitgebackenes Backpapier entfernen. Boden auf eine Tortenplatte legen, einen Tortenring oder den gesäuberten Springformrand darumstellen.

5_ Für die Schoko-Minz-Creme Sahne mit Schmand in einer Rührschüssel zuerst auf niedrigster Stufe mit Handrührgerät mit Rührbesen kurz anschlagen, dann Zucker mit Sahnesteif mischen, zugeben und die Sahne vollständig steif schlagen. Die Creme nach Belieben mit einigen Tropfen Speisefarbe hellgrün einfärben.

6_ 150 g von den Schoko-Minz-Täfelchen fein zerhacken und unter die Creme rühren. Schoko-Minz-Creme auf der Torte verstreichen.
Die Oberfläche mit einem Tortenkamm oder einer Gabel verzieren.
Die Torte bis zum Servieren kalt stellen.

7_ Vor dem Servieren den Tortenring oder Springformrand lösen und entfernen. Die Torte mit den restlichen Schoko-Minz-Täfelchen garnieren.

Tipp: Die Schoko-Minz-Täfelchen am besten einige Zeit vor dem Gebrauch in den Kühlschrank oder das Gefrierfach legen – so lassen sie sich besser hacken und in der Sahnecreme verrühren.
Garnieren Sie die Torte vor dem Servieren mit einigen Minzeblättchen.

Pro Stück: E: 4 g, F: 28 g, Kh: 37 g, kJ: 1764, kcal: 421

Stricknadeltorte

14 Stücke – Mit Alkohol – gut vorzubereiten

Für den Rührteig:
250 g weiche Butter
oder Margarine
250 g Zucker
1 Pck. Dr. Oetker Vanillin-Zucker
3–4 Tropfen Butter-Vanille-Aroma
6 Eier (Größe M)
250 g Weizenmehl
2 ½ gestr. TL Dr. Oetker Backin

Zum Tränken:
3 EL Zucker
2 EL Kakaopulver
250 ml (¼ l) kalter Kaffee
1 EL Rum

Für die Eierlikörsahne:
400 g Schlagsahne
2 Pck. Dr. Oetker Sahnesteif
2 TL Zucker
5 EL Eierlikör

Zum Garnieren:
Kakaopulver
Raspelschokolade

Zubereitungszeit: **30 Minuten, ohne Durchzieh- und Kühlzeit**
Backzeit: **30–35 Minuten**

1_ Den Backofen vorheizen.
Ober-/Unterhitze: etwa 180 °C, Heißluft: etwa 160 °C

2_ Für den Teig Butter oder Margarine mit Handrührgerät mit Rührbesen auf höchster Stufe geschmeidig rühren. Nach und nach Zucker, Vanillin-Zucker und Aroma unterrühren. So lange rühren, bis eine gebundene Masse entstanden ist.

3_ Jedes Ei etwa ½ Minute unterrühren. Mehl mit Backpulver mischen und in 2 Portionen auf mittlerer Stufe kurz unterrühren. Den Teig in eine Springform (Ø 28 cm, Boden gefettet) füllen und glatt streichen. Die Form auf dem Rost in den vorgeheizten Backofen schieben und den Kuchen **30–35 Minuten backen.**

4_ Die Form auf einen Kuchenrost stellen. Sofort nach dem Backen in die Oberfläche des Bodens mit einer dicken Stricknadel beliebig viele Löcher einstechen. Den Kuchenrand von der Form lösen, Springformrand aber nicht entfernen und den Kuchen erkalten lassen.

5_ Zum Tränken Zucker mit Kakao mischen und nach und nach mit Kaffee und Rum verrühren. Den Kuchen mit einem großen Pinsel oder einem Esslöffel nach und nach mit der gesamten Flüssigkeit tränken. Den Kuchen über mehrere Stunden (am besten über Nacht) durchziehen lassen.

6_ Für die Eierlikörsahne die Sahne mit 1 Päckchen Sahnesteif und Zucker steif schlagen. Restliches Sahnesteif mit dem Eierlikör verrühren und vorsichtig unter die Sahne heben. Die Eierlikörsahne kalt stellen.

7_ Kurz vor dem Servieren Eierlikörsahne auf dem Kuchen verstreichen und mit Kakao und Raspelschokolade verzieren.

Tipp: Der Boden ist ungetränkt gefriergeeignet.

Pro Stück: E: 6 g, F: 28 g, Kh: 39 g, kJ: 1852, kcal: 443

Russische Streuseltorte

8–10 Stücke – Gut vorzubereiten

Für die Streuselböden:
275 g Weizenmehl
150 g feiner Zucker
1 Prise Salz
1 gestr. TL Dr. Oetker Backin
1 Pck. Dr. Oetker Pudding-Pulver Schokolade-Geschmack
1 Ei (Größe M)
2 EL Wasser
125 g weiche Butter

Für die Füllung:
175 g Mandarinen (aus der Dose)
2 Pck. Dr. Oetker Vanillin-Zucker
200 g Doppelrahm-Frischkäse
300 g fettreduzierte Vanilla-Frischkäse- oder Quarkcreme
3–4 EL Zitronensaft
250 g Schlagsahne
3 Pck. Dr. Oetker Sahnesteif

Zum Bestäuben:
Puderzucker

Zubereitungszeit: **30 Minuten, ohne Kühlzeit**
Backzeit: **etwa 25 Minuten**

1_ Den Backofen vorheizen.
Ober-/Unterhitze: etwa 180 °C, Heißluft: etwa 160 °C

2_ Für die Streuselböden Mehl mit Zucker, Salz, Backpulver und Pudding-Pulver in einer Rührschüssel mischen. Ei und Wasser verquirlen und mit der Butter dazugeben. Die Zutaten mit Handrührgerät mit Rührbesen zu feinen Streuseln verrühren.

3_ Einen Tortenring auf knapp 20 cm Durchmesser einstellen und so auf ein Backblech (gefettet, mit Backpapier belegt) setzen, dass 2 Böden aus Streuselteig darauf passen. Die Hälfte der Streusel in den Tortenring geben, gleichmäßig auf dem Boden verteilen und leicht andrücken.

4_ Tortenring vorsichtig abheben, auf die noch freie Fläche des Backblechs setzen und die restlichen Streusel auf gleiche Weise zu einem zweiten Boden formen. Tortenring ebenfalls abheben. Das Backblech im unteren Drittel in den vorgeheizten Backofen schieben.
Die Streuselböden **etwa 25 Minuten backen.**

5_ Das Backblech auf einen Kuchenrost stellen. Einen der Böden sofort und noch heiß mit einem scharfen, langen Messer in 8–10 gleich große Tortenstücke teilen. Boden und Tortenstücke auf dem Backblech erkalten lassen. Den ganzen Boden vorsichtig auf eine Tortenplatte legen. Den Tortenring darumstellen.

6_ Für die Füllung Mandarinen auf einem Sieb abtropfen lassen, dann auf Küchenpapier legen. Vanillin-Zucker mit Frischkäse in einer Rührschüssel verrühren. Vanilla-Frischkäse- oder Quarkcreme und Zitronensaft unterrühren. Sahne mit Sahnesteif steif schlagen. Sahne in 2 Portionen mit einem Schneebesen unter die Creme heben.

7_ Creme auf dem Tortenboden verstreichen. Mandarinen darauf verteilen und leicht eindrücken. Streusel-Tortenstücke aufsetzen und die Torte bis zum Servieren kalt stellen. Kurz vor dem Servieren Tortenring lösen und entfernen. Die Torte üppig mit Puderzucker bestäuben.

Tipp: Statt den oberen Boden in Tortenstücke zu teilen, können Sie ihn auch einfach grob in Streusel zerbröckeln. Die abgekühlten Streusel dann auf die Creme streuen – auch so lässt sich die Torte gut schneiden.

Pro Stück: E: 9 g, F: 30 g, Kh: 58 g, kJ: 2290, kcal: 547

Hügeltorte

12 Stücke – Raffiniert

Zum Vorbereiten:
1 dunkler Biskuitboden (vom Konditor, ungeschnitten)
50–75 g gehobelte Mandeln

Für die Mascarpone-Zimt-Creme:
50 g Zucker
1 Pck. Dr. Oetker Vanillin-Zucker
1 TL gemahlener Zimt
500 g Mascarpone (ital. Frischkäse, evtl. „light")
300 g Schlagsahne
2 Pck. Dr. Oetker Sahnesteif
250 g Magerquark

Außerdem:
1 Pck. Sahnesteif
360 g Apfelkompott

Zubereitungszeit: **30 Minuten**

1_ Boden bis auf einen etwa 2 cm breiten Rand und Boden aushöhlen. Boden auf eine Tortenplatte legen. Etwa die Hälfte des ausgehöhlten Gebäcks fein zerbröseln (Rest evtl. für Desserts oder Rumkugeln verwenden).

2_ Mandeln in einer großen Pfanne ohne Fett goldbraun rösten und auf einem Teller erkalten lassen. Die Hälfte der Mandeln unter die Brösel mischen.

3_ Für die Creme Zucker mit Vanillin-Zucker, Zimt, Mascarpone und Sahne in eine hohe Rührschüssel geben. Alles mit Handrührgerät mit Rührbesen zuerst kurz auf niedrigster Stufe glatt rühren, dann auf höchster Stufe steif schlagen. Sahnesteif dabei einrieseln lassen. Quark portionsweise unterheben.

4_ Den äußeren Biskuitrand mit etwas Mascarpone-Zimt-Creme bestreichen. Den Boden mit Sahnesteif bestreuen. Erst Apfelkompott, dann die restliche Mascarpone-Zimt-Creme kuppelförmig in den Boden füllen.

5_ Den Tortenrand mit den restlichen Mandeln garnieren. Geröstete Biskuitbrösel kuppelförmig auf die Creme geben. Die Torte mindestens 1 Stunde kalt stellen.

Tipp: Besonders lecker wird der Hügel, wenn Sie die Brösel mit 30 g braunem Zucker und 25 g Butter in einer Pfanne rösten und dann auf einem Teller abkühlen lassen.
Wenn Sie den Boden selbst backen möchten, so können Sie den dunklen Biskuitboden vom Rezept „KiBa-Torte" (Seite 106) zubereiten. Den Boden dann am besten am Vortag backen, damit er sich besser aushöhlen und zerbröseln lässt.

Pro Stück: E: 7 g, F: 29 g, Kh: 27 g, kJ: 1698, kcal: 405

Himmlische Himbeer-Charlotte

12 Stücke – Fruchtig – ohne zu backen

2 helle Biskuitrollen mit Himbeercremefüllung (je 300–400 g, fertig gekauft)

Für die Füllung:
8 Blatt weiße Gelatine
290 g Himbeeren (aus Dosen)
300 g Joghurt
75 g Puderzucker
50 ml Zitronensaft
500 g Schlagsahne

Zum Verzieren:
200 g Schlagsahne
1 TL Zucker
etwas Himbeerkonfitüre

Zubereitungszeit: **25 Minuten, ohne Kühlzeit**

1_ Biskuitrollen in etwa 1 cm dicke Scheiben schneiden. Eine runde, kuppelförmige Schüssel (2,5–3 Liter Inhalt, mit Frischhaltefolie ausgelegt) sehr dicht mit etwa zwei Dritteln der Biskuitrollenscheiben auslegen.

2_ Für die Füllung Gelatine nach Packungsanleitung einweichen. Himbeeren auf einem Sieb abtropfen lassen. Joghurt mit Puderzucker und Zitronensaft in einer Schüssel verrühren. Gelatine leicht ausdrücken, in einem Topf bei schwacher Hitze auflösen und mit etwas von der Joghurtmasse verrühren, dann die Mischung unter die restliche Joghurtmasse rühren und kalt stellen. Sahne steif schlagen und unterheben. Zuletzt die gut abgetropften Himbeeren unterheben.

3_ Die Creme in die mit Biskuitrollenscheiben ausgelegte Schüssel füllen, glatt streichen und mit den restlichen Biskuitrollenscheiben belegen. Die Scheiben leicht andrücken und die Schüssel etwa 3 Stunden kalt stellen.

4_ Die Charlotte vorsichtig auf eine Tortenplatte stürzen und die Folie abziehen. Zum Verzieren Sahne mit Zucker steif schlagen, in einen Spritzbeutel mit Lochtülle füllen und Spiralen an den unteren Tortenrand spritzen.

5_ Himbeerkonfitüre durch ein Sieb streichen, in einen Gefrierbeutel füllen, eine kleine Spitze abschneiden und die Sahnespiralen mit der Konfitüre besprenkeln.

Tipp: Die Kuppel mit frischen Himbeeren und Zitronenmelisse verzieren.
Anstelle der Dosenfrüchte können auch frische oder aufgetaute TK-Himbeeren verwendet werden.
Die Creme kann statt mit Zitronensaft auch mit Himbeergeist zubereitet werden.

Pro Stück: E: 4 g, F: 23 g, Kh: 22 g, kJ: 1352, kcal: 323

Brownies mit Cashewkernen

48 Stücke – Gut vorzubereiten

Für den Rührteig:
250 g Zartbitter-Schokolade
50 ml Milch
250 g Cashewkerne, geröstet und gesalzen
250 g weiche Butter oder Margarine
200 g brauner Rohrzucker
1 Pck. Dr. Oetker Vanillin-Zucker
4 Eier (Größe M)
200 g Weizenmehl
20 g Kakaopulver
1 gestr. TL Dr. Oetker Backin

Zum Bestreuen:
50 g weiße Schokolade
50 g Zartbitter-Schokolade

Zubereitungszeit: **30 Minuten**
Backzeit: **etwa 30 Minuten**

1_ Für den Teig 100 g von der Schokolade in Stücke brechen. Milch kurz aufkochen lassen und von der Kochplatte nehmen. Die Schokolade unter Rühren in der Milch schmelzen lassen. Restliche Schokolade (150 g) in Stücke brechen und mit den Cashewkernen portionsweise im Zerkleinerer hacken.

2_ Den Backofen vorheizen.
Ober-/Unterhitze: etwa 180 °C, Heißluft: etwa 160 °C

3_ Butter oder Margarine mit Handrührgerät mit Rührbesen auf höchster Stufe geschmeidig rühren. Nach und nach braunen Zucker und Vanillin-Zucker unterrühren. So lange rühren, bis eine gebundene Masse entstanden ist. Jedes Ei etwa 1/2 Minute unterrühren.

4_ Geschmolzene Schokolade glatt rühren und unterrühren. Mehl mit Kakao und Backpulver mischen und in 2 Portionen unterrühren. Gehackte Schokolade und Cashewkerne ebenfalls unterrühren.

5_ Den Teig auf einem tiefen Backblech oder in einer Fettpfanne (30 x 40 cm, gefettet) verteilen und verstreichen. Das Backblech in den vorgeheizten Backofen schieben, den Kuchen **etwa 30 Minuten backen.**

6_ Das Backblech auf einen Kuchenrost stellen. Zum Bestreuen weiße und Zartbitter-Schokolade in dünne Streifen schneiden oder schaben und auf den lauwarmen Kuchen streuen. Kuchen auf dem Backblech erkalten lassen.

7_ Den Kuchen in 5 x 5 cm große Stücke schneiden.

Tipp: Die Cashewkerne können durch die gleiche Menge Macadamia-Nusskerne ersetzt werden.

Pro Stück: E: 2 g, F: 10 g, Kh: 12 g, kJ: 618, kcal: 148

Möhren-Kirsch-Kuchen

20 Stücke – Für Kinder

Für den All-in-Teig:

740 g Sauerkirschen (aus Gläsern)
3 Möhren (250 g)
1 Pck. Dr. Oetker Finesse Geriebene Zitronenschale
120 g Zucker
180 g Weizenmehl
3 gestr. TL Dr. Oetker Backin
70 g Hartweizengrieß
1 gestr. TL gemahlener Zimt
100 g abgezogene, gemahlene Mandeln
3 Eier (Größe M)
200 g weiche Butter oder Margarine

Für den Guss:

100 g Puderzucker
1–2 EL Kirschsaft aus dem Glas

Zubereitungszeit: **25 Minuten**
Backzeit: **etwa 30 Minuten**

1_ Für den Teig Kirschen auf einem Sieb abtropfen lassen, dabei 2 Esslöffel Saft für den Guss auffangen. Möhren putzen, schälen, abspülen, abtropfen lassen und auf der feinen Seite der Haushaltsreibe reiben. Geriebene Möhren mit Zitronenschale und Zucker mischen.

2_ Den Backofen vorheizen.
Ober-/Unterhitze: etwa 180 °C, Heißluft: etwa 160 °C

3_ Mehl und Backpulver in einer Rührschüssel mischen. Möhrenmasse und restliche Zutaten außer den Kirschen hinzufügen und alles mit Handrührgerät mit Rührbesen erst kurz auf niedrigster, dann auf höchster Stufe in etwa 2 Minuten zu einem glatten Teig verarbeiten. Dann Kirschen unterheben.

4_ Den Teig auf ein Backblech (30 x 40 cm, gefettet) geben und verstreichen. Das Backblech in den vorgeheizten Backofen schieben und den Kuchen **etwa 30 Minuten backen.**

5_ Für den Guss Puderzucker nach und nach mit 1–2 Esslöffeln Kirschsaft verrühren, sodass ein dickflüssiger Guss entsteht. Den Guss in einen kleinen Gefrierbeutel füllen und eine kleine Ecke abschneiden.

6_ Das Backblech auf einen Kuchenrost stellen. Den Guss auf den heißen Kuchen sprenkeln. Den Kuchen erkalten lassen.

Tipp: Für einen weißen Zuckerguss ersetzen Sie den Kirschsaft durch die gleiche Menge Zitronensaft.

Pro Stück: E: 4 g, F: 13 g, Kh: 28 g, kJ: 1016, kcal: 243

Kumquat-Gewürz-Kuchen

30 Stücke – Raffiniert

Für die Kumquat-Masse:
100 g Kumquats
70 g flüssiger Honig
30 g Zucker
2 gestr. TL gemahlener Zimt
1 ½ gestr. TL gemahlener Kardamom
1 gestr. TL gemahlener Ingwer
½ TL gemahlener Piment (Nelkenpfeffer)

Für den All-in-Teig:
350 g Weizenmehl
30 g Speisestärke
3 gestr. TL Dr. Oetker Backin
120 g Zucker
1 Prise Salz
4 Eier (Größe M)
70 ml Buttermilch
250 g weiche Butter oder Margarine

Zum Bestreuen:
2 EL Hagelzucker

Zubereitungszeit: **25 Minuten, ohne Abkühlzeit**
Backzeit: **etwa 20 Minuten**

1_ Für die Kumquat-Masse die Kumquats mit heißem Wasser abspülen und abtropfen lassen. Die Stängelansätze entfernen. Kumquats längs halbieren und in dünne Scheiben schneiden, dabei Kerne entfernen. Kumquatscheiben mit Honig, Zucker und den Gewürzen in einem kleinen Topf bei mittlerer Hitze aufkochen lassen.

2_ Topf von der Kochstelle nehmen und die Masse abkühlen lassen.

3_ Den Backofen vorheizen.
Ober-/Unterhitze: etwa 180 °C, Heißluft: etwa 160 °C

4_ Für den Teig Mehl mit Speisestärke und Backpulver in einer Rührschüssel mischen. Restliche Zutaten und lauwarme Kumquat-Masse hinzufügen und alles mit Handrührgerät mit Rührbesen erst kurz auf niedrigster, dann auf höchster Stufe in etwa 2 Minuten zu einem glatten Teig verarbeiten.

5_ Den Teig auf ein Backblech (30 x 40 cm, gefettet) geben, verstreichen und mit Hagelzucker bestreuen. Das Backblech in den vorgeheizten Backofen schieben und den Kuchen **etwa 20 Minuten backen.**

6_ Das Backblech auf einen Kuchenrost stellen und den Kuchen darauf erkalten lassen. Den Kuchen in 6 x 6 cm große Stücke schneiden.

Pro Stück: E: 2 g, F: 8 g, Kh: 18 g, kJ: 646, kcal: 154

Blätterteig-Mango-Kuchen

20 Stücke – Für Gäste

1 Pck. TK-Blätterteig
(450 g, 6 rechteckige Scheiben)

Für den Belag:
750 g Mangoscheiben
(aus Dosen)
250 ml (¼ l) Mangosaft
aus den Dosen
800 g Doppelrahm-Frischkäse
100 g Crème fraîche
3 Eier (Größe M)
100 g Zucker
2 EL Zitronensaft

Für den Guss:
1 Pck. Tortenguss, klar
2 EL Zucker
2 EL Zitronensaft

Zubereitungszeit: **25 Minuten, ohne Auftau- und Kühlzeit**
Backzeit: **etwa 30 Minuten**

1_ Blätterteig nach Packungsanleitung auftauen lassen. Den Backofen vorheizen.
Ober-/Unterhitze: etwa 200 °C, Heißluft: etwa 180 °C

2_ Für den Belag Mangoscheiben auf einem Sieb abtropfen lassen, dabei den Saft auffangen. 250 ml (¼ l) davon abmessen und für den Guss bereitstellen. Frischkäse mit Crème fraîche, Eiern, Zucker und Zitronensaft verrühren.

3_ Die Teigplatten auf der leicht bemehlten Arbeitsfläche aufeinanderlegen und zu einer Platte (35 x 45 cm) ausrollen, auf ein tiefes Backblech oder in eine Fettpfanne (30 x 40 cm, gefettet) legen und kurz ruhen lassen (der Teig zieht sich etwas zusammen). Inzwischen die Mangostücke der Länge nach in schmale Streifen schneiden.

4_ Den Teig mehrfach mit einer Gabel einstechen. Die Frischkäsemasse auf den Teig streichen und mit Mangostreifen belegen. Das Backblech in den vorgeheizten Backofen schieben und den Kuchen **etwa 30 Minuten backen.**

5_ Das Backblech auf einen Kuchenrost stellen und den Kuchen darauf erkalten lassen.

6_ Für den Guss Tortengusspulver nach Packungsanleitung mit Zucker, Zitronen- und Mangosaft zubereiten. Den Guss sofort und schnell mit einem Esslöffel von innen nach außen auf dem Kuchen verteilen.
Den Guss fest werden lassen.

Pro Stück: E: 7 g, F: 21 g, Kh: 26 g, kJ: 1342, kcal: 321

Orangen-Marzipan-Kuchen

25 Stücke – Raffiniert

1 Pck. (450 g, 6 Scheiben) TK-Blätterteig

Für die Füllung:

1 Bio-Orange (unbehandelt)
150 ml Orangensaft (von der Bio-Orange plus Handelsware)
400 g Marzipan-Rohmasse
100 g weiche Butter
30 g Hartweizengrieß
25 g gemahlene Pistazienkerne
1 Ei (Größe M)
80 g Zucker

Zum Bestreichen:

2 EL Schlagsahne

Zum Bestäuben:

Puderzucker

Zubereitungszeit: **30 Minuten, ohne Auftau- und Ruhezeit**
Backzeit: **etwa 30 Minuten**

1_ Blätterteig nach Packungsanleitung auftauen lassen. Für die Füllung die Orange heiß abspülen und trocken tupfen. Die Orangenschale dünn abreiben. Die Orange auspressen. Den Backofen vorheizen. Ober-/Unterhitze: etwa 200 °C, Heißluft: etwa 180 °C

2_ Marzipan-Rohmasse in kleine Würfel schneiden. Marzipan-Würfel und Butter in eine Rührschüssel geben und mit Handrührgerät mit Rührbesen glatt rühren. Restliche Zutaten, Orangenschale und Orangensaft hinzufügen und zu einer glatten Masse rühren.

3_ Vier der Teigplatten auf der leicht bemehlten Arbeitsfläche aufeinanderlegen und zu einer Platte (33 x 43 cm) ausrollen, auf ein Backblech (30 x 40 cm, gefettet) legen und ruhen lassen (Teig zieht sich etwas zusammen). Die restlichen Teigplatten ebenfalls aufeinanderlegen, zu einem Quadrat (27 x 27 cm) ausrollen und ruhen lassen.

4_ Den Teig auf dem Backblech mehrfach mit einer Gabel einstechen. Marzipanmasse auf dem Teig verteilen und verstreichen.

5_ Restlichen Teig mit Sahne bestreichen und mit einem Pizzaroller oder scharfen Messer zu einem Quadrat (25 x 25 cm) schneiden. Dann den Teig in Quadrate (5 x 5 cm) schneiden. Die Quadrate mit der bestrichenen Seite nach oben auf die Marzipanfüllung verteilen. Das Backblech in den vorgeheizten Backofen schieben und den Kuchen **etwa 30 Minuten backen.**

6_ Das Backblech auf einen Kuchenrost stellen und den Kuchen darauf erkalten lassen. Anschließend den Kuchen mit Puderzucker bestäuben.

Tipp: Sehr gut schmeckt griechischer Joghurt oder Sahnejoghurt zum Kuchen.

Pro Stück: E: 3 g, F: 14 g, Kh: 17 g, kJ: 888, kcal: 212

Prasselschnitten

20 Stücke – Einfach

1 Pck. (10 quadratische Platten, 450 g) TK-Blätterteig

Zum Bestreichen:
75–100 g Aprikosen- oder Kirschkonfitüre

Für die Streusel:
300 g Weizenmehl
150 g Zucker
1 Pck. Dr. Oetker Vanillin-Zucker
1 Msp. gemahlener Zimt
200 g weiche Butter

Für den Guss:
150 g gesiebter Puderzucker
2 EL Zitronensaft

Zubereitungszeit: **25 Minuten, ohne Auftau- und Ruhezeit**
Backzeit: **etwa 20 Minuten**

1_ Blätterteigplatten nebeneinander nach Packungsanleitung antauen lassen. Die Platten auf einem Backblech (mit Backpapier belegt, mit Wasser besprenkelt) verteilen, mit einer Gabel mehrmals einstechen und mit Konfitüre bestreichen.

2_ Teigplatten 10 Minuten ruhen lassen. Den Backofen vorheizen.
Ober-/Unterhitze: etwa 200 °C, Heißluft: etwa 180 °C

3_ Inzwischen für die Streusel Mehl mit Zucker, Vanillin-Zucker, Zimt und Butter in eine Rührschüssel geben. Die Zutaten mit Handrührgerät mit Rührbesen zunächst kurz auf niedrigster, dann auf höchster Stufe zu Streuseln verarbeiten.

4_ Den bestrichenen Blätterteigboden mit den Streuseln bestreuen.
Das Backblech in den vorgeheizten Backofen schieben und den Teig **etwa 20 Minuten backen.**

5_ Das Gebäck mit dem Backpapier vom Backblech auf einen Kuchenrost ziehen. Gebäck erkalten lassen.

6_ Für den Guss Puderzucker mit Zitronensaft zu einer dickflüssigen Masse verrühren. Das Gebäck mit dem Guss besprenkeln.
Guss trocknen lassen. Gebäck in Quadrate schneiden.

Pro Stück: E: 3 g, F: 14 g, Kh: 37 g, kJ: 1188, kcal: 284

Bananen-Frischkäse-Kuchen

20 Stücke – Für Kinder

Für den Knetteig:
250 g Weizenmehl
½ TL Dr. Oetker Backin
80 g brauner Zucker (Rohrzucker)
1 Prise Salz
1 Ei (Größe M)
170 g Butter oder Margarine

Für die Frischkäsemasse:
1 Bio-Limette (unbehandelt)
3 reife Bananen (etwa 500 g)
300 g saure Sahne
800 g Doppelrahm-Frischkäse
120 g Zucker
3 Eier (Größe M)

Zum Garnieren:
etwa 100 g kleine Schokoladenherzen

Zubereitungszeit: **25 Minuten, ohne Kühlzeit**
Backzeit: **etwa 40 Minuten**

1_ Den Backofen vorheizen.
Ober-/Unterhitze: etwa 180 °C, Heißluft: etwa 160 °C

2_ Für den Teig Mehl und Backpulver in einer Rührschüssel mischen. Restliche Zutaten hinzufügen und mit Handrührgerät mit Knethaken zunächst kurz auf niedrigster, dann auf höchster Stufe gut durcharbeiten. Anschließend den Teig auf der leicht bemehlten Arbeitsfläche kurz verkneten.

3_ Den Teig auf der leicht bemehlten Arbeitsfläche zu einem Rechteck ausrollen, auf ein tiefes Backblech oder in eine Fettpfanne (30 x 40 cm, gefettet) legen und darauf so ausrollen, dass das ganze Backblech bedeckt ist. Den Teig mit einer Gabel mehrfach einstechen.
Das Backblech in den vorgeheizten Backofen schieben und den Boden **etwa 10 Minuten vorbacken.**

4_ Für die Frischkäsemasse inzwischen die Limette heiß abspülen, trocken tupfen und die Schale abreiben. Limette auspressen. Bananen schälen und mit Limettenschale, Limettensaft und saurer Sahne pürieren.
Das Püree mit Frischkäse, Zucker und Eiern glatt rühren.

5_ Die Creme auf den vorgebackenen, noch heißen Boden geben und glatt streichen. Das Backblech bei gleicher Backtemperatur wieder in den heißen Backofen schieben. Den Kuchen in **etwa 30 Minuten fertig backen.**

6_ Das Backblech auf einen Kuchenrost stellen und den Kuchen darauf erkalten lassen. Anschließend den Kuchen mit Schokoladenherzen belegen und in Stücke schneiden.

Tipp: Statt mit Schokoladenherzen können Sie den Kuchen auch mit Raspelschokolade oder dünnen Schokotäfelchen belegen.

Pro Stück: E: 8 g, F: 25 g, Kh: 27 g, kJ: 1528, kcal: 365

Apfel-Nuss-Kuchen

20 Stücke – Klassisch

Für den Rührteig:
1 Bio-Zitrone
(unbehandelt, ungewachst)
200 g weiche Butter
oder Margarine
175 g Zucker
2 Pck. Dr. Oetker Vanillin-Zucker
1 Prise Salz
3 Eier (Größe M)
300 g Dinkelmehl (Type 630)
3 gestr. TL Dr. Oetker Backin
1 gestr. TL gemahlener Zimt
½ TL gemahlener Ingwer
600 g säuerliche Äpfel
(z. B. Cox Orange, Elstar, Boskop)
100 g gehobelte Haselnusskerne

Zum Bestreuen:
100 g gehobelte Haselnusskerne
20 g Zucker

Zubereitungszeit: **30 Minuten**
Backzeit: **etwa 30 Minuten**

1_ Für den Teig Zitrone heiß abspülen, trocken tupfen und die Schale auf der Haushaltsreibe abreiben. Die Zitrone auspressen und den Saft beiseitestellen.

2_ Den Backofen vorheizen.
Ober-/Unterhitze: etwa 200 °C, Heißluft: etwa 180 °C

3_ Butter oder Margarine mit Handrührgerät mit Rührbesen auf höchster Stufe geschmeidig rühren. Nach und nach Zucker, Vanillin-Zucker, Salz und Zitronenschale unterrühren. So lange rühren, bis eine gebundene Masse entstanden ist.

4_ Jedes Ei etwa ½ Minute unterrühren. Dinkelmehl mit Backpulver, Zimt und Ingwer mischen und in 2 Portionen auf mittlerer Stufe unterrühren.

5_ Äpfel schälen und auf der Haushaltsreibe grob raspeln. Apfelraspel (etwa 450 g) mit 2 Esslöffeln Zitronensaft mischen und zusammen mit den Haselnusskernen kurz unter den Teig rühren. Den Teig auf einem tiefen Backblech oder in einer Fettpfanne (30 x 40 cm, gefettet) verteilen und verstreichen.

6_ Nacheinander Haselnusskerne und Zucker auf den Teig streuen. Das Backblech in den vorgeheizten Backofen schieben und den Kuchen **etwa 30 Minuten backen.**

7_ Das Backblech auf einen Kuchenrost stellen und den Kuchen darauf erkalten lassen.

Tipp: Die geschälten Äpfel nicht vierteln, sondern jeweils im Ganzen raspeln, sodass von jedem Apfel nur das Kerngehäuse mit Blüte und Stiel zurückbleibt.

Pro Stück: E: 4 g, F: 16 g, Kh: 25 g, kJ: 1096, kcal: 262

Getränkter Erdbeerkuchen

48 Stücke – Für Gäste

Zum Vorbereiten:
1 Pck. (300 g) TK-Erdbeeren

Für den Biskuitteig:
5 Eier (Größe M)
1 Eigelb (Größe M)
2 EL heißes Wasser
150 g Zucker
1 Prise Salz
120 g Weizenmehl
1 gestr. TL Dr. Oetker Backin
70 g abgezogene, gemahlene Mandeln

Für den Guss:
40 g Zucker

Für die Creme:
200 g Doppelrahm-Frischkäse
150 g Erdbeerkonfitüre
250 g Speisequark (20 % Fett)

Zum Garnieren:
einige kleine Erdbeeren

Zubereitungszeit: **25 Minuten, ohne Auftau- und Abkühlzeit**
Backzeit: **etwa 15 Minuten**

1_ Zum Vorbereiten die Erdbeeren auftauen lassen.
Den Backofen vorheizen.
Ober-/Unterhitze: etwa 200 °C, Heißluft: etwa 180 °C

2_ Für den Teig Eier, Eigelb und Wasser mit Handrührgerät mit Rührbesen auf höchster Stufe in 1 Minute schaumig schlagen. Zucker und Salz in 1 Minute einstreuen, dann noch etwa 2 Minuten weiterschlagen. Mehl mit Backpulver mischen, in zwei Portionen auf die Eiercreme geben und kurz auf niedrigster Stufe unterrühren. Mandeln kurz unterarbeiten.

3_ Den Teig auf ein tiefes Backblech oder in eine Fettpfanne (30 x 40 cm, gefettet, bemehlt) geben und verstreichen. Das Backblech in den vorgeheizten Backofen schieben und den Kuchen **etwa 15 Minuten backen.**

4_ Inzwischen für den Guss aufgetaute Erdbeeren mit Zucker pürieren. Das Backblech auf einen Kuchenrost stellen. Den heißen Boden sofort mit einer Gabel dicht an dicht einstechen. Das Püree auf dem Boden verteilen und glatt streichen. Den Boden erkalten lassen.

5_ Für die Creme Frischkäse mit Erdbeerkonfitüre und Quark cremig aufschlagen. Den Kuchen in 5 x 5 cm große Stücke schneiden. Die Creme mit einem Löffel auf die Stücke klecksen.

6_ Zum Garnieren Erdbeeren abspülen, trocken tupfen, putzen und vierteln. Erdbeeren auf die Kleckse legen.

Tipp: In der Erdbeersaison den Kuchen mit Püree aus 300 g frischen, geputzten Erdbeeren zubereiten. Restliche Creme dazureichen.

Pro Stück: E: 2 g, F: 3 g, Kh: 9 g, kJ: 316, kcal: 76

Schoko-Nougat-Stücke

10 Stücke – Raffiniert

Für den Biskuitteig:
5 Eier (Größe M)
2 EL heißes Wasser
150 g Zucker
1 Prise Salz
1 Pck. Dr. Oetker Bourbon-Vanille-Zucker
100 g Weizenmehl
30 g Kakaopulver
1 gestr. TL Dr. Oetker Backin

Zum Bestreuen:
100 g gehobelte Haselnusskerne
1 EL Zucker

Für die Füllung:
200 g weiche Nuss-Nougat-Creme
200 g Mascarpone (ital. Frischkäse)
200 g Schlagsahne
1 Pck. Dr. Oetker Sahnesteif

Zubereitungszeit: **30 Minuten, ohne Kühlzeit**
Backzeit: **etwa 15 Minuten**

1_ Den Backofen vorheizen.
Ober-/Unterhitze: etwa 200 °C, Heißluft: etwa 180 °C

2_ Für den Teig Eier und Wasser mit Handrührgerät mit Rührbesen auf höchster Stufe in 1 Minute schaumig schlagen. Zucker, Salz und Vanille-Zucker mischen, in 1 Minute einstreuen, dann noch etwa 2 Minuten weiterschlagen.

3_ Mehl mit Kakao und Backpulver mischen, in zwei Portionen auf die Eiercreme geben und kurz auf niedrigster Stufe unterrühren. Den Teig auf ein Backblech (30 x 40 cm, gefettet, bemehlt) geben und verstreichen.

4_ Nusskerne und Zucker nacheinander gleichmäßig auf den Teig streuen. Das Backblech in den vorgeheizten Backofen schieben und den Boden **etwa 15 Minuten backen.**

5_ Das Backblech auf einen Kuchenrost stellen und den Boden darauf erkalten lassen.

6_ Für die Füllung Nuss-Nougat-Creme und Mascarpone mit Handrührgerät mit Rührbesen zu einer Creme aufschlagen. Sahne mit Sahnesteif steif schlagen. Die Hälfte der Sahne kurz unter die Mascarpone-Nougat-Creme rühren, die restliche Sahne vorsichtig unterheben.

7_ Den Biskuitboden vierteln. Die Viertel vom Backblech lösen. Zwei Viertel auf der Nuss-Seite mit der Creme bestreichen und mit den restlichen Vierteln (Nussseite nach oben) bedecken. Das Gebäck mindestens 30 Minuten in den Kühlschrank stellen. Anschließend das Gebäck in Stücke schneiden.

Pro Stück: E: 8 g, F: 32 g, Kh: 40 g, kJ: 2030, kcal: 485

Dattelkuchen mit Frischkäse

20 Stücke – Exotisch

Für den All-in-Teig:

100 g getrocknete, entsteinte Datteln
150 g Zartbitter-Schokolade
300 g Weizenmehl
3 gestr. TL Dr. Oetker Backin
2–3 TL Instant-Espresso-Pulver
100 g brauner Zucker (Rohrzucker)
1 Pck. Dr. Oetker Bourbon-Vanille-Zucker
1 Prise Salz
4 Eier (Größe M)
175 ml Speiseöl
150 g Vollmilch-Joghurt

Für den Belag:

600 g Doppelrahm-Frischkäse
150 g Vollmilch-Joghurt
30 g gesiebter Puderzucker
1 Pck. Dr. Oetker Sahnesteif
Kakaopulver

Zubereitungszeit: **30 Minuten, ohne Kühlzeit**
Backzeit: **etwa 20 Minuten**

1_ Für den Teig Datteln in kleine Stücke hacken. Schokolade in Stücke brechen und im Zerkleinerer grob hacken.

2_ Den Backofen vorheizen.
Ober-/Unterhitze: etwa 200 °C, Heißluft: etwa 180 °C

3_ Mehl mit Backpulver in einer Rührschüssel mischen. Datteln, Schokolade und restliche Zutaten hinzufügen und alles mit Handrührgerät mit Rührbesen erst kurz auf niedrigster, dann auf höchster Stufe in etwa 2 Minuten zu einem glatten Teig verarbeiten.

4_ Den Teig auf einem Backblech (30 x 40 cm, gefettet) verteilen und verstreichen. Das Backblech in den vorgeheizten Backofen schieben und den Kuchen **etwa 20 Minuten backen.**

5_ Das Backblech auf einen Kuchenrost stellen und den Kuchen darauf erkalten lassen.

6_ Für den Belag Frischkäse mit Joghurt aufschlagen. Puderzucker mit Sahnesteif mischen und unterrühren. Die Frischkäsemasse wellenartig auf den Kuchen streichen und 30 Minuten kalt stellen. Vor dem Servieren mit Kakaopulver bestäuben.

Tipp: Statt des Frischkäsebelages können Sie einen Sahnebelag auf den Teig streichen. Dafür 500 g Schlagsahne etwa ½ Minute schlagen. 50 g Zucker mit 2 Päckchen Sahnesteif und 1 Päckchen Vanillin-Zucker mischen, einstreuen und die Sahne steif schlagen. 4 Esslöffel Zitronensaft vorsichtig unterziehen. Die Masse auf dem Kuchen verstreichen und mit 40 g Haselnuss-Krokant bestreuen.

Pro Stück: E: 7 g, F: 23 g, Kh: 26 g, kJ: 1421, kcal: 339

Himbeerkuchen

20 Stücke – Fruchtig

Zum Vorbereiten:
1 Pck. (300 g) TK-Himbeeren

Für den Rührteig:
250 g weiche Butter
oder Margarine
200 g Zucker
1 Pck. Dr. Oetker Vanillin-Zucker
1 Prise Salz
1 Pck. Dr. Oetker Finesse
Geriebene Zitronenschale
4 Eier (Größe M)
300 g Weizenmehl
2 gestr. TL Dr. Oetker Backin
5 EL Milch

Für die Creme:
50 g Zucker
1 Pck. Dr. Oetker Sahnesteif
500 g Mascarpone
(ital. Frischkäse)
150 g Vollmilch-Joghurt
50 g gesiebter Puderzucker

Zubereitungszeit: **20 Minuten, ohne Auftau- und Abkühlzeit**
Backzeit: **etwa 20 Minuten**

1_ Zum Vorbereiten Himbeeren auftauen lassen. Den Backofen vorheizen. Ober-/Unterhitze: etwa 200 °C, Heißluft: etwa 180 °C

2_ Für den Teig Butter oder Margarine mit Handrührgerät mit Rührbesen auf höchster Stufe geschmeidig rühren. Nach und nach Zucker, Vanillin-Zucker, Salz und Zitronenschale unterrühren. So lange rühren, bis eine gebundene Masse entstanden ist.

3_ Jedes Ei etwa 1/2 Minute unterrühren. Mehl mit Backpulver mischen und in 2 Portionen abwechselnd mit der Milch auf mittlerer Stufe unterrühren.

4_ Den Teig auf einem Backblech (30 x 40 cm, gefettet) verteilen und verstreichen. Das Backblech in den vorgeheizten Backofen schieben und den Kuchen **etwa 20 Minuten backen.**

5_ Das Backblech auf einen Kuchenrost stellen und den Kuchen darauf erkalten lassen.

6_ Für die Creme Zucker mit Sahnesteif mischen, über die aufgetauten Himbeeren streuen und pürieren. Mascarpone mit Joghurt und Puderzucker aufschlagen und gleichmäßig auf dem Kuchen verstreichen. Das Himbeerpüree in Klecksen darauf verteilen und mit einem Löffel vorsichtig eindrücken, so dass Wellen entstehen.

Pro Stück: E: 4 g, F: 23 g, Kh: 29 g, kJ: 1450, kcal: 346

Kuchen zum Tee

48 Stücke – Für Gäste

Für den Knetteig:
200 g getrocknete, entsteinte Pflaumen
500 g Weizenmehl
1 gestr. TL gemahlener Anis
1 Pck. Dr. Oetker Backin
120 g brauner Zucker (Rohrzucker)
1 Prise Salz
300 g Butter oder Margarine
1 Becher (250 g) Crème fraîche

Zum Bestreichen:
3 EL Schlagsahne

Für die Creme:
etwa 220 g Schlagsahne
2 EL Zucker
1 Pck. Dr. Oetker Sahnesteif
1 Becher (150 g) Crème fraîche

Zubereitungszeit: **25 Minuten, ohne Abkühlzeit**
Backzeit: **etwa 30 Minuten**

1_ Für den Teig die Pflaumen hacken. Den Backofen vorheizen.
Ober-/Unterhitze: etwa 200 °C, Heißluft: etwa 180 °C

2_ Mehl mit Anis und Backpulver in einer Rührschüssel mischen. Zucker, Salz, Butter oder Margarine und Crème fraîche hinzufügen. Die Zutaten mit Handrührgerät mit Knethaken erst kurz auf niedrigster, dann auf höchster Stufe gut durcharbeiten. Anschließend den Teig auf der leicht bemehlten Arbeitsfläche kurz verkneten.

3_ Den Teig auf der leicht bemehlten Arbeitsfläche zu einem Rechteck ausrollen, auf ein tiefes Backblech oder in eine Fettpfanne (30 x 40 cm, gefettet) legen und darauf ausrollen. Den Teig mit 3 Esslöffeln Sahne bestreichen. Das Backblech in den vorgeheizten Backofen schieben und den Kuchen **etwa 30 Minuten backen.**

4_ Das Backblech auf einen Kuchenrost stellen und den Kuchen darauf erkalten lassen.

5_ Für die Creme Sahne steif schlagen. Zucker mit Sahnesteif mischen und mit Crème fraîche verrühren. Die Mischung unter die Sahne rühren. Den Kuchen in kleine Stücke schneiden und die Creme auf den Stücken verteilen.

Tipp: Der Kuchen schmeckt frisch am besten. Wer mag, aromatisiert die Creme zusätzlich mit etwas Eierlikör oder Whiskylikör.

Pro Stück: E: 1 g, F: 10 g, Kh: 14 g, kJ: 626, kcal: 150

Blondies mit Johannisbeeren

20 Stücke – Einfach gemacht

Für den Belag:
250 g rote Johannisbeeren
50 g weiße Schokolade

Für den All-in-Teig:
200 g Butter
200 g weiße Schokolade
300 g Weizenmehl
3 gestr. TL Dr. Oetker Backin
150 g Zucker
3 Eier (Größe M)
150 g saure Sahne

Zubereitungszeit: **25 Minuten, ohne Abkühlzeit**
Backzeit: **etwa 20 Minuten**

1_ Für den Belag Johannisbeeren verlesen, abspülen, abtropfen lassen und mit einer Gabel von den Rispen streifen. Schokolade hacken.

2_ Den Backofen vorheizen.
Ober-/Unterhitze: etwa 200 °C, Heißluft: etwa 180 °C

3_ Für den Teig die Butter in einem kleinen Topf bei schwacher Hitze zerlassen. Den Topf von der Kochstelle nehmen. Weiße Schokolade in Stücke brechen und unter Rühren in der Butter schmelzen und abkühlen lassen.

4_ Mehl mit Backpulver in einer Rührschüssel mischen. Restliche Zutaten hinzufügen. Die Butter-Schoko-Masse glatt rühren und dazugeben. Alle Zutaten mit Handrührgerät mit Rührbesen erst kurz auf niedrigster, dann auf höchster Stufe in etwa 2 Minuten zu einem glatten Teig verarbeiten.

5_ Den Teig auf ein Backblech (30 x 40 cm, gefettet) geben und verstreichen. Johannisbeeren auf den Teig streuen. Das Backblech in den vorgeheizten Backofen schieben und den Kuchen **etwa 20 Minuten backen.**

6_ Das Backblech auf einen Kuchenrost stellen. Die gehackte Schokolade auf den heißen Kuchen streuen. Den Kuchen auf dem Backblech erkalten lassen.

Pro Stück: E: 3 g, F: 14 g, Kh: 27 g, kJ: 1064, kcal: 254

Walnusshappen

20 Stücke – Einfach zuzubereiten

Für den Rührteig:
75 g Zartbitter-Schokolade
200 g weiche Butter
oder Margarine
150 g gesiebter Puderzucker
1 Pck. Dr. Oetker Vanillin-Zucker
1 Prise Salz
1 EL Rum
4 Eier (Größe M)
200 g Weizenmehl
1 gestr. TL Dr. Oetker Backin
200 g gehackte Walnusskerne

Für den Guss:
200 g dunkle Kuchenglasur

Zum Garnieren:
20 Walnusskernhälften

Zubereitungszeit: **30 Minuten, ohne Abkühlzeit**
Backzeit: **etwa 30 Minuten**

1_ Für den Teig Schokolade in Stücke brechen und in einem kleinen Topf im Wasserbad bei schwacher Hitze unter Rühren schmelzen.

2_ Den Backofen vorheizen.
Ober-/ Unterhitze: etwa 180 °C, Heißluft: etwa 160 °C

3_ Butter oder Margarine mit Handrührgerät mit Rührbesen auf höchster Stufe geschmeidig rühren. Nach und nach Puderzucker, Vanillin-Zucker, Salz und Rum unterrühren. So lange rühren, bis eine gebundene Masse entstanden ist.

4_ Jedes Ei etwa 1/2 Minute unterrühren. Geschmolzene, abgekühlte Schokolade unterrühren. Mehl, Backpulver und Walnusskerne mischen und in 2 Portionen kurz auf mittlerer Stufe unterrühren.

5_ Den Teig auf einem Backblech (30 x 40 cm, gefettet, bemehlt) verteilen und verstreichen. Das Backblech in den vorgeheizten Backofen schieben und den Kuchen **etwa 30 Minuten backen.**

6_ Das Backblech auf einen Kuchenrost stellen und den Kuchen darauf erkalten lassen.

7_ Für den Guss die Kuchenglasur nach Packungsanleitung auflösen und das Gebäck dick damit bestreichen. Die Stücke auf dem Guss mit einem Messer markieren und mit je einer Walnusskernhälfte belegen. Die Glasur fest werden lassen.

Pro Stück: E: 5 g, F: 23 g, Kh: 23 g, kJ: 1357, kcal: 323

Hefekuchen mit Amarettini

20 Stücke – Raffiniert

Für den Hefeteig:
300 g Weizenmehl
1 Pck. Dr. Oetker Hefeteig Garant
50 g Zucker
1 Prise Salz
1 Ei (Größe M)
200 ml Milch
50 ml Speiseöl

Für den Belag:
120 g Amarettini
(ital. Makronengebäck)
1 Glas (340 g)
Sauerkirschkonfitüre
250 g Mascarpone
(ital. Frischkäse)
1 Ei (Größe M)
50 ml kaltes Wasser
20 g Zucker
2 EL Zitronensaft

Zubereitungszeit: **30 Minuten, ohne Ruhezeit**
Backzeit: **etwa 30 Minuten**

1_ Für den Teig Mehl mit Hefeteig Garant in einer Rührschüssel mischen. Restliche Zutaten hinzufügen und alles mit Handrührgerät mit Rührbesen erst kurz auf niedrigster, dann auf höchster Stufe in etwa 2 Minuten zu einem Teig verarbeiten.

2_ Den dickflüssigen Teig auf einem Backblech (30 x 40 cm, gefettet) verteilen und verstreichen. Teig mit einem zweiten Backblech zudecken und ruhen lassen. Den Backofen vorheizen.
Ober-/Unterhitze: etwa 200 °C, Heißluft: etwa 180 °C

3_ Inzwischen für den Belag Amarettini in einen Gefrierbeutel füllen. Den Beutel verschließen und die Amarettini mit der Teigrolle grob zerbröseln.

4_ Konfitüre glatt rühren. Mascarpone mit Ei, Wasser, Zucker und Zitronensaft mit Handrührgerät mit Rührbesen verrühren. Konfitüre in Klecksen auf dem Teig verteilen. Mascarpone esslöffelweise darauf verteilen und vorsichtig glatt streichen.

5_ Den Belag mit den Amarettini-Bröseln bestreuen. Das Backblech in den vorgeheizten Backofen schieben und den Kuchen **etwa 30 Minuten backen.**

6_ Das Backblech auf einen Kuchenrost stellen und den Kuchen darauf erkalten lassen.

Pro Stück: E: 4 g, F: 9 g, Kh: 32 g, kJ: 974, kcal: 232

Streusel-Aprikosen-Kuchen

20 Stücke – Klassisch

Für den Belag:
480 g Aprikosenhälften (aus der Dose)

Für den All-in-Teig:
250 g Weizenmehl
2 gestr. TL Dr. Oetker Backin
225 g Zucker
1 Prise Salz
1 klassisches Röhrchen Zitronen-Aroma
250 g weiche Butter oder Margarine
4 Eier (Größe M)

Für die Streusel:
225 g Weizenmehl
150 g Zucker
½ TL gemahlener Zimt
150 g weiche Butter oder Margarine

Zubereitungszeit: **30 Minuten**
Backzeit: **etwa 40 Minuten**

1_ Für den Belag Aprikosen auf einem Sieb gut abtropfen lassen.

2_ Für den Teig Mehl mit Backpulver in einer Rührschüssel mischen. Restliche Zutaten hinzufügen und alles mit Handrührgerät mit Rührbesen erst kurz auf niedrigster, dann auf höchster Stufe in etwa 2 Minuten zu einem glatten Teig verarbeiten.

3_ Den Teig auf ein Backblech (30 x 40 cm, gefettet, bemehlt) geben und verstreichen. Die Aprikosenhälften mit der Wölbung nach oben auf den Teig legen.

4_ Den Backofen vorheizen.
Ober-/Unterhitze: etwa 180 °C, Heißluft: etwa 160 °C

5_ Für die Streusel Mehl mit Zucker, Vanillin-Zucker und Zimt in einer Rührschüssel mischen. Butter oder Margarine hinzufügen. Die Zutaten mit Handrührgerät mit Rührbesen zu feinen Streuseln verarbeiten. Die Streusel auf den Aprikosenhälften verteilen. Das Backblech in den vorgeheizten Backofen schieben und den Kuchen **etwa 40 Minuten backen.**

6_ Das Backblech auf einen Kuchenrost stellen. Den Kuchen erkalten lassen und in Schnitten schneiden.

Pro Stück: E: 4 g, F: 19 g, Kh: 40 g, kJ: 1457, kcal: 348

Abkürzungen und Hinweise

Abkürzungen

EL	=	Esslöffel
TL	=	Teelöffel
Msp.	=	Messerspitze
Pck.	=	Packung/Päckchen
g	=	Gramm
kg	=	Kilogramm
ml	=	Milliliter
l	=	Liter
evtl.	=	eventuell
geh.	=	gehäuft
gestr.	=	gestrichen
TK	=	Tiefkühlprodukt
°C	=	Grad Celsius

Kalorien-/Nährwertangaben

E	=	Eiweiß
F	=	Fett
Kh	=	Kohlenhydrate
kJ	=	Kilojoule
kcal	=	Kilokalorie

Hinweise zu den Rezepten

Lesen Sie vor der Zubereitung – besser noch vor dem Einkauf – das Rezept einmal vollständig durch. Oft werden Arbeitsabläufe oder -zusammenhänge dann klarer.

Zutatenliste

Die Zutaten sind in der Reihenfolge ihrer Bearbeitung angegeben.

Arbeitsschritte

Die Arbeitsschritte sind einzeln hervorgehoben, in der Reihenfolge, in der sie von uns ausprobiert wurden.

Zubereitungszeiten

Die Zubereitungszeit ist ein Anhaltswert für die Zeit der Vorbereitung und die eigentliche Zubereitung. Längere Wartezeiten, z. B. Kühl- und Auftauzeiten, sind nicht mit einbezogen.

Backofeneinstellung

Die in den Rezepten angegebenen Backtemperaturen und -zeiten sind Richtwerte, die je nach individueller Hitzeleistung des Backofens über- oder unterschritten werden können. Bitte beachten Sie deshalb bei der Einstellung des Backofens die Gebrauchsanweisung des Herstellers und machen Sie nach Beendigung der angegebenen Backzeit eine Garprobe.

Die Temperaturangaben in diesem Buch beziehen sich auf Elektrobacköfen. Die Temperatureinstellungsmöglichkeiten für Gasbacköfen variieren je nach Hersteller, sodass wir keine allgemeingültigen Angaben machen können.

Kapitelregister

Blitz-Kuchen

Blitz-Torten

Blitz-Blechkuchen

MIX
Papier aus verantwortungsvollen Quellen
FSC® C012425

Verlagsgruppe Random House FSC-DEU-0100
Das für dieses Buch verwendete
FSC®-zertifizierte Papier *Hello Fat Matt*
liefert Condat, Le Lardin Saint-Lazare, Frankreich.

Hinweis Wenn Sie Anregungen, Vorschläge oder Fragen zu unseren Büchern haben, dann schreiben Sie uns:
Dr. Oetker Verlag KG, Am Bach 11, 33602 Bielefeld oder besuchen Sie uns im Internet unter www.oetker-verlag.de oder www.oetker.de

Taschenbucherstausgabe 7/2011

Genehmigte Lizenzausgabe für den Wilhelm Heyne Verlag,
München, in der Verlagsgruppe Random House GmbH.
www.heyne.de
Printed in Germany 2011

Redaktion Jasmin Gromzik, Miriam Krampitz

Titelfoto Thomas Diercks, Hamburg

Innenfotos Walter Cimbal, Hamburg (S. 17, 19, 23, 25, 27, 65)
Fotostudio Diercks (Thomas Diercks, Christiane Krüger, Kai Boxhammer), Hamburg (S. 9, 13, 15, 21, 31, 35, 41, 43, 47, 49, 53, 57, 59, 61, 63, 67, 69, 71, 77–141)
Ulli Hartmann, Bielefeld (S. 37, 45, 75)
Antje Plewinski, Berlin (S. 29, 33, 39, 51, 55)
Axel Struwe, Bielefeld (S. 11)
Brigitte Wegner, Bielefeld (S. 73)

Grafisches Konzept kontur:design GmbH, Bielefeld
Umschlaggestaltung kontur:design GmbH, Bielefeld
Satz und Gestaltung M·D·H Haselhorst, Bielefeld

Druck und Bindung Offizin Andersen Nexö, Leipzig

ISBN: 978-3-453-85574-8